Una de las mayores inquietudes de nuestras lectoras es cómo hablar con sus hijas acerca del sexo y la sexualidad. Sin titubear yo les recomiendo el libro de Dannah. Ella es como la hermana mayor sabia a quien tantas jovencitas anhelan escuchar. Sus palabras revisten importancia para quienes procuran llevar una vida pura en un mundo impuro, pues habla con calidez, compasión y sinceridad.

Carla Barnhill
Editora, Christian Parenting Today

La sexualidad humana está en el corazón de la mayoría de los combates culturales más feroces que se libran en la actualidad. Un número alarmante de jovencitas desconoce la diferencia entre lo correcto y lo incorrecto en lo que respecta a su cuerpo y a su mente, pues han caído en la laxitud que promueve la televisión, el cine y la música contemporánea. Con un toque amistoso y personal, Dannah Gresh lleva a sus lectoras a comprender que la sexualidad es un hermoso regalo de Dios y que su voluntad es reservarlo para el matrimonio. Recomiendo *Y la novia se vistió de blanco* a toda mujer joven que anhele lo mejor de Dios para su vida.

Richard Land
Presidente, Ethics & Religious Liberty Commission
Presentador, Faith & Family Radio

Dannah comunica con espontaneidad importantes verdades que necesitamos escuchar. En una era de decadencia moral que afecta incluso a nuestra juventud en las iglesias, este mensaje es más imperioso que nunca. Escuche con atención lo que Dannah dice. No se sentirá decepcionada.

Anita Lustrea
Presentadora y productora, Midday Connection

Como madre de dos hijas adolescentes, no se me ocurre un libro más inspirador que *Y la novia se vistió de blanco*. Ellas apreciaron sus reflexiones, su sentido del humor, y su llamado a una vida sin reproches. Agradezco de corazón el ejemplo realista que ella representa para mis hijas… Dannah cambió la vida de mis hijas, y al hacerlo, cambió la mía.

Tammy Maltby
Autora y presentadora adjunta de Aspiring Women,
nominado al premio Emmy

He visto el gran alcance del contenido de este libro en la vida de cientos de jovencitas agradecidas que han asistido a conferencias donde Dannah lo ha presentado. Las madres deben leerlo. Las jovencitas que desean saber cómo mantener relaciones puras deben leerlo. Es un imperativo para los líderes estudiantiles.

Pam MacRae
Ministerios Moody Conference

¡Vaya! El magnífico libro de Dannah me impresionó muchísimo. Les brinda a las jovencitas la fortaleza que necesitan para establecer normas elevadas… también es una herramienta excelente para la sanidad y la restauración.

Mary-Louise Kurey
Antigua señorita Wisconsin, oradora motivational para la juventud

Fue un gozo leer este libro… ¡Dannah nos ayuda a recorrer la senda de una vida pura!

Leslee J. Unruh
Presidente, National Abstinence Clearinghouse

Este libro es un gran manual práctico para toda adolescente que desee vivir con seriedad en pureza sexual y superar las derrotas del pasado.

Greg Stier
Presidente, ministerios Dare 2 Share

Y la
novia
se vistió de
blanco

Libros de Dannah Gresh publicados por Portavoz

Madres, críen hijas satisfechas con su imagen

Mentiras que las jóvenes creen (con Nancy DeMoss Wolgemuth)

Mentiras que las jóvenes creen, Guía de estudio (con Nancy DeMoss Wolgemuth)

Mentiras que las niñas creen

Mentiras que las niñas creen, Guía para mamás

¿Por qué es mejor esperar?

Y la novia se vistió de blanco

Y la novia se vistió de blanco

Siete secretos para lograr la pureza sexual

DANNAH GRESH

Editorial
PORTAVOZ

La misión de *Editorial Portavoz* consiste en proporcionar productos de calidad —con integridad y excelencia—, desde una perspectiva bíblica y confiable, que animen a las personas a conocer y servir a Jesucristo.

Título del original: *And the Bride Wore White*, © 2004 por Dannah Gresh y publicado por Moody Publishers, Chicago, Illinois 60610-3284.

Edición en castellano: *Y la novia se vistió de blanco*, © 2005 por Dannah Gresh y publicado por Editorial Portavoz, filial de Kregel Inc., Grand Rapids, Michigan 49505. Todos los derechos reservados.

Traducción: Nohra Bernal
Diseño de cubierta: Pablo Montenegro
Fotografía: Tara Ophoff, cortesía de David Coyotl

EDITORIAL PORTAVOZ
2450 Oak Industrial Dr. NE
Grand Rapids, Michigan 49505 USA

Visítenos en: www.portavoz.com

ISBN 978-0-8254-5598-8

1 2 3 4 5 edición / año 28 27 26 25 24 23

Impreso en los Estados Unidos de América
Printed in the United States of America

A Lexi, mi princesa

Toda gloriosa es la hija del rey en su morada;
de brocado de oro es su vestido.
Con vestidos bordados será llevada al rey.
Salmo 45:13-14 (RVR-60)

Contenido

Reconocimientos

A 100.000 vidas después

*S*atanás busca amedrentarnos cada vez que nuestro corazón comienza a seguir el llamado de Dios para edificar el reino de Dios. A mediados de los años 90 empecé a aconsejar a dos jovencitas, Laura y Erica, en la ciudad donde vivía, y a reunir pequeños grupos de jovencitas durante el fin de semana en retiros donde hablábamos sobre el tema de la pureza. Cada vez que daba mi testimonio acerca del sufrimiento que había experimentado en mi vida sexual y la restauración y sanidad divinas, soportaba tal escarnio en mi espíritu y en mi mente que llegaba a sentirme enferma. Mi corazón palpitaba. No tenía descanso, y dardos penetrantes de mentira me mantenían despierta. "¡Eres tan hipócrita! Deja más bien que alguien que no desacredite la causa de Cristo anuncie ese mensaje". "¿Quién te crees? Si ellos supieran la verdadera depravación de tu pecado, nunca lograrías algo". "¡Recuerda tu pasado!" "¡Pareces una tonta cada vez que hablas acerca de eso!"

Al final, comencé a citar la verdad. Un versículo resonaba en mi mente: "Dios no me ha dado un espíritu de cobardía, sino de poder, de amor y de dominio propio". Las burlas desaparecieron. Punto. ¡Se acabó el escarnio! Era solo el comienzo. Después de cien mil vidas, Dios todavía me impulsa en la actualidad a contarles mi historia y hablar la verdad acerca de la pureza sexual a mujeres preciosas de Dios.

Estoy agradecida con quienes me ayudaron a publicar la primera edición de Y la novia se vistió de blanco. Entre ellos, Deb Haffey, Dennis Shere, Greg Thornton, Jim Bell, Bill Soderberg, Cheryl Dunlop, Dave DeWit, Julia Ryan, Dan Seifert, y muchos amigos fieles como mi hermano Darin Barker y mis consejeros Tippy Duncan y Ramona Taylor.

Muchas de las jovencitas que asistieron a mis primeros retiros me ayudaron. De manera especial, estoy agradecida con las chicas de la Primera Iglesia Cristiana en Rolla, Missouri. Algunas de ellas aparecen en la portada y en las historias de este libro, como Nycole Flowers, Lauren Webb, Sarah Peaslee, Jennifer Goble, Jennifer Rodríguez, Shantelle Russell, y Jennifer Vogel. También posaron para mi talentoso fotógrafo Antoinette y Randy Moore, Heather Goble, la pequeña Kristen Breshears, Stephanie Pritchette, Louis Rodríguez, Shannon Heavin, y Brian Rapier.

Agradezco a las miles de jovencitas que han asistido a los retiros de Pure Freedom y que han leído esta obra de Dios en mi vida, por su aporte a esta fabulosa nueva edición. Incluí algunas de sus historias como una alabanza a Dios.

Algunas personas se han unido al equipo que a mi lado difunde el mensaje de pureza, con todo su aporte de energía. Entre ellas, mi fiel compañera de servicio y coordinadora de mi agenda, Melinda Ohlson, el equipo de eventos de Pure Freedom conformado por Stacey Sublett, Jonathan y Suzy Weibel y la banda, Janet Mylin, Don Jones, así como nuestra pareja de contadores, Mark y Mary Lee Horn.

Sin embargo, como siempre, quien ha estado presente en cada instante es mi amada familia. ¡Mamá y papá ofrecieron su tiempo, su dinero y su casa para que este pequeño sueño creciera! Bob, mi héroe y el amor de mi vida, ha tenido que ajustar su vida a medida que el mensaje de este libro se expande. Lexi es mi animadora principal. Robby, por su parte, ha sido quien mejor definió el apoyo y el amor de mi familia. Tras contarle por primera vez cómo había pecado y recibido perdón, le pregunté si se sentía decepcionado.

—¿Por qué? —preguntó como si nada le hubiera contado.

—Porque obré tan mal en el pasado —le dije. Él me dio una respuesta sencilla, amorosa y llena de perdón:

—Mami, todos hacemos lo malo. Por eso murió Jesús.

¡Y así es!

Abraza esta verdad al tiempo que lees lo que Dios hizo en mi vida.

¡Yo vivo en su gran amor!

Dannah

1

Y la novia se vistió de blanco

La decisión de llevar una vida pura

[La gracia de Dios] nos enseña a rechazar la impiedad y las pasiones mundanas. Así podremos vivir en este mundo con justicia, piedad y dominio propio, mientras aguardamos la bendita esperanza, es decir, la gloriosa venida de nuestro gran Dios y Salvador Jesucristo (Tito 2:12-13, NVI).

El día en que conocí al hombre que sería mi esposo, él acababa de regresar de Florida, donde había pasado las vacaciones de primavera en un entrenamiento permanente con el resto del equipo de tenis de la universidad. Sus dientes blancos contrastaban con su tez bronceada y su cabello oscuro. La piel de su nariz se desprendía un poco en aquellos días en los que comenzó a coquetearme. La imagen de su alegre semblante quedó grabada en mi mente para siempre.

El día de nuestra boda, y por petición mía, él tenía su piel bronceada que contrastaba con la camisa blanca y la corbata que habíamos elegido para combinar con su traje negro de cola. Era el hombre de mis sueños, y ese día un sueño de hadas se hizo realidad. ¿Y qué de mí? Yo vestí un traje blanco tejido a mano con una larga cola de casi tres metros y una diadema con velo y lentejuelas. Caminé sobre pétalos de rosa frescos al tiempo que los violinistas, ubicados a ambos lados del recinto, interpretaban la marcha nupcial. En el púlpito nos ubicamos frente a los invitados a fin de que pudieran ver en nuestro rostro la dicha en el momento de intercambiar los votos. El beso fue dulce y sencillo, y terminó en una mirada sugestiva. Ya habría más tiempo para la ternura aquella noche.

En la recepción, los invitados saborearon diversos entremeses mientras una orquesta tocaba música de fondo, que solo se detenía con la intervención del maestro de ceremonia. "Damas y caballeros, llegaron los novios. Les presento por primera vez al señor y a la señora…" ¡Ya era una señora! Los aplausos llenaron la sala al tiempo que las melodías de la orquesta nos acompañaban hasta la mesa principal. Bailé con garbo el vals con mi padre, que luego le dio paso al novio con una venia pocos minutos después. Cuando mi nuevo esposo y yo comenzamos a bailar, logramos arruinar con esplendidez la elegante impresión que mi padre había dejado, pero no importó. Éramos el príncipe y la princesa del baile, y cualquier gesto de nuestra parte complacería a los invitados.

Horas más tarde, la princesa estaba encerrada en el baño de una habitación de hotel para la luna de miel, mientras pensaba en su entrada triunfal. (Si tuviera que hacerlo otra vez, ¡preferiría quedarme en la habitación y dejarlo a él en el baño para que decidiera cuándo y cómo entrar!) ¿Era demasiado temprano para ponerme la bata de encaje? ¿Resultaría demasiado recatada la pijama de satín para esta noche? ¿Debía arreglarme el cabello? ¿Sería muy vanidoso retocar mi maquillaje? No habíamos hablado acerca de las luces. ¿Estarían apagadas en el momento de salir? Al fin opté por el recato y la vanidad. (¡Y esperaba encontrar luces tenues!)

Sin embargo, al cruzarse mis ojos con los ojos azules de mi esposo, llenos de compasión y amor verdadero, el nerviosismo se desvaneció por la certeza. Habíamos esperado. Habíamos vencido la tentación, y ahora una Presencia amorosa y consoladora nos acompañaba y nos daba la seguridad de que el pacto que estábamos a punto de sellar gozaría de su bendición.

Y la bendición superó nuestras expectativas.

¿Cómo pudimos lograrlo? Dios sabe que yo no era perfecta. ¿Cómo esperé aquel regalo maravilloso de ser uno con un hombre a quien amaba tan entrañablemente? Bueno, es una historia romántica y fascinante que también atravesó momentos de decisión críticos, algunos de los cuales me traen satisfacción, y otros que hubiera preferido afrontar de otra manera. Los compartiré todos contigo. Gracias a ellos aprendí siete secretos notables que me dieron la fortaleza para vencer muchas tentaciones.

Todo comenzó con la verdad de Tito 2:12-13. Estos versículos dicen que la gracia de Dios no nos guarda de manera automática de las pasiones mundanas. A pesar de todo lo que ames a Dios, las pasiones mundanas podrían cegarte. Tras percatarme de lo difícil que podría resultar seguir el camino de la pureza, busqué a Dios y le dije: "Está bien, enséñame a decir no. Yo sé que las pasiones mundanas existen, ¡pero solo si tú me enseñas podré decir no!" A partir de ese momento, Dios obró en mi vida y tuve una determinación que jamás creí posible en mí. El camino, y la espera, fueron mucho más fáciles. Todo cambió desde el momento en que puse mi vida delante de Dios para que Él me enseñara a renunciar a las pasiones mundanas.

Si no asistes a clase, tu profesor no podrá darte todo el conocimiento que estaría dispuesto a ofrecerte. El Dios del universo tampoco te enseñará, a menos que vengas a su presencia. He orado por ti. Anhelo con todo mi corazón que vengas delante de Dios y le pidas que te enseñe a renunciar a las pasiones mundanas a fin de que puedas vivir una vida santa, controlada y recta.

No puedes vivir en pureza con tus propias fuerzas.

No puedo revelarte una fórmula para protegerte.

Los consejos de tus padres no pueden guardar tu inocencia. ¡Solo Dios puede hacerlo! ¿Tomarás un momento ahora para pedirle que te enseñe a renunciar a las pasiones mundanas al leer este libro?

Escribe tu historia

Ahora, esta es la parte más importante de este libro. Necesitas un diario o cuaderno para que este libro cambie de verdad tu vida. Verás, lo que yo escribo no es lo esencial ni puede guardar tu pureza. Es lo que tú escribes lo que noqueará a Satanás.

Saca tu diario y escríbele a Dios una carta. Cuéntale tus luchas para permanecer pura delante de Él. Puede ser la sexualidad, el abuso de sustancias, tu manera de hablar, tu ira, o cualquier otro aspecto de tu vida que te aflija. Confíale cada detalle de tu vida. Dile que te duele haberle fallado. Pídele en oración que te guarde de las pasiones mundanas. Y de manera específica, pídele que te enseñe por medio de este libro.

Adelante. ¡Escribe!

He orado por ti y por este momento de tu vida

Si sientes que Dios te guía a meditar en lo que has escrito o lo que Él te ha enseñado, entonces permanece en silencio por hoy, ¡pero regresa pronto! Juntas haremos un recorrido por la historia sexual de cada una. En cuanto a la mía, miraremos años pasados, y yo te contaré algunos de los momentos más íntimos de mi vida, tanto hermosos como vergonzosos. En cuanto a la tuya, construiremos toda una perspectiva divina de tu futura vida sentimental. ¡Vamos!

Mi historia

Pronto sabrás que no todas las decisiones que tomé con respecto a mi pureza sexual se conformaron al plan de Dios. Nunca soñé tener un ministerio para animar a las jovencitas a valorar su pureza. Dios me guió a realizar el primer retiro acerca del tema tras surgir en mi iglesia la discusión de si una jovencita debía o no asistir a un retiro para mujeres sobre el tema de la sanidad en la vida sexual. Puesto que yo hacía parte del equipo de enseñanza, las mujeres de la iglesia me solicitaron organizar un retiro acerca de la pureza solo para jovencitas de escuela secundaria. Debo admitir que mi orgullo le rogó al Señor realizar una labor diferente, pero al fin cedí. En el primer retiro no hablé de mí, pero al ver que otras mujeres lo hicieron, advertí la maravillosa reacción del auditorio ante el realismo de sus palabras. Con mucha precaución incursioné en esta manera de dejar mi vida al descubierto, y observé cómo las jovencitas universitarias y bachilleres llegaban a sentirse tan desafiadas con mi historia, al igual que por mi humildad. Esto suscitó en ellas un anhelo por conocer lo que Dios dice y piensa acerca de la sexualidad. Por ese motivo relato mi historia en estas páginas. La compilé gracias a la recuperación minuciosa de mis recuerdos de dieciséis años durante los cuales escribí diarios y anotaciones. La presento en forma de narración al principio de cada capítulo. Ningún detalle escrito en estas páginas se editó. Todo fue registrado con esmero en mis diarios. Quizá Dios sabía de antemano que los usaría para este libro.

Historias memorables

A lo largo de este libro también se entrelazan muchas historias breves de amigas que he conocido durante años o que conocí en alguno de mis retiros acerca de la pureza. Algunas se titulan "Historias memorables", ¡por la gran obra que hizo Dios en la vida de cada una de ellas gracias a este libro! En muchos casos, menciono un solo nombre o lo cambio a fin de proteger la privacidad de una persona o de cualquier otra involucrada en la historia. En su mayoría, las mismas mujeres que vivieron las experiencias las escribieron. ¡Algunas hacen parte de mis recuerdos predilectos de los últimos años!

2

Las grandes mentiras de Satanás acerca del sexo

Historia memorable

Sara Marinau habla acerca de escribir un diario
En realidad tomé el libro Y la novia se vistió de
blanco *después que mi amiga de la escuela se casó y tuvo
su primer bebé cinco meses después de la boda. El título del
libro me hizo pensar en mi amiga, que era cristiana pero
que sin duda alguna había abandonado algunos de los
principios en los que creía. Leí el libro, y no solo me cau-
tivó, sino que comencé a escribir un diario de oración gracias al cual aprendí a derramar mi corazón delante de mi
Señor y Salvador Jesucristo. El libro me animó mucho.
Cada vez que encontraba a una amiga le preguntaba: ¿Ya
leíste* Y la novia se vistió de blanco?

Sara Marinau, Australia

*Sara fue además la anfitriona de una fiesta para prin-
cesas, organizada para jovencitas entre los trece y los veinte años. ¡Ella se convirtió en una llama ardiente!*

Aprender a reconocer la verdad

El [diablo] ha sido homicida desde el principio, y no ha
permanecido en la verdad, porque no hay verdad en él.
Cuando habla mentira, de suyo habla; porque es mentiroso,
y padre de mentira (Jn. 8:44, RVR-60).

El campamento misionero donde me reunía con do-
cenas de jovencitas cristianas fue invadido por un aire
caliente y denso. Pasaríamos el verano en la enseñanza de la Biblia en barrios pobres. Investigamos con dedicación
montones de ayudas visuales y un sinfín de páginas de historias bíblicas, con la esperanza de impresionar a nuestros
maestros, quienes examinarían con rigor nuestro desempeño
y trabajo de memorización. Con mi barbilla apoyada sobre la
mesa campestre, observaba a las demás jovencitas que estu-
diaban bajo la sombra de los árboles. Qué agradable resulta no
estar en el plan de buscar chicos, pensé, al tiempo que me
percataba de la casi total ausencia de hombres. De todos
modos, el más excelente me espera en casa.

Busqué en mi bolsillo la carta, que ya había leído doce
veces. Aguardaba recibir otra hoy. Como si Dios vigilara mi
dispersa devoción, un trueno sonó a lo lejos. Poco después,
las nubes aparecieron de repente y pronto inundaron el
pequeño arroyo que atravesaba el campamento. Varias jovencitas jugamos y saltamos en el agua que nos llegaba hasta la
cintura. Jugamos fútbol, a atraparnos, y flotamos en la suave
corriente mientras la fresca lluvia de junio rociaba el suelo y
nuestro espíritu. Después que el sol volvió a brillar con fuerza, sentimos de repente el peso de nuestra ropa empapada, y
atendimos el llamado de nuestros monitores para entrar.
Mientras subía los escalones del dormitorio, Jenny se quedó
mirándome con asombro. Subí mi ceja al mirarla.

—Estás sangrando —me dijo, al tiempo que señalaba mi
pie.

Al levantar mi pie pude ver un pequeño pedazo de vidrio que brillaba.

—No duele —le dije con seguridad a mi bondadosa amiga mientras quitaba el pedazo de vidrio de mi pie.

En cuestión de horas apareció una línea roja que subía por mi pierna, un síntoma de envenenamiento sanguíneo. Al igual que ocurre con un cáncer mortal que crece y no es diagnosticado, esto no dolía. Pasé las siguientes veinticuatro horas limpiando mi herida para extraer el veneno.

Si bien lo ignoraba en ese momento, lo ocurrido aquel día representaría los siguientes años de mi vida. Esos años demostrarían que los momentos más dichosos tienen con frecuencia un ingrediente letal, aun si al principio no duele.

Pasaba con velocidad de un canal televisivo a otro y me detuve en un programa titulado "hombres y sexo". Se trataba de una serie de entrevistas con hombres jóvenes que hablaban acerca del sexo. Sentí curiosidad. Muchas veces deseaba tener acceso a la mente masculina para conocer sus verdaderos pensamientos.

Un par de hermanos guapos parecían ser los fanfarrones y presumidos del programa. Sus hombros anchos y su cabello ondulado los hacían ver modernos. Todas las noches buscaban mujeres. ¿Para qué? Para tener una nueva "amante" cada noche. Y con sus miradas y encanto lo lograban.

Hablaban de sus conquistas con soltura y picardía. Se divertían. Sin embargo, la última parte me llamó la atención.

Mientras descansaban en una tina caliente tomando cerveza, el reportero preguntó:

—¿Piensan casarse algún día?

Los hermanos se rieron.

—Sí, claro —dijo uno.

—¿Acaso no todos lo hacen? —presumió el otro.

—En serio —insistió el reportero—, ¿van a casarse?

La risa desapareció. Uno apartó su cerveza y empezó a tocar con nerviosismo su cabello. Luego miró pensativo hacia lo lejos.

—Sí, pero mucho más adelante —dijo.

—¿Con quién te casarás? —preguntó el reportero.

—Con ninguna de esas chicas —afirmó con seguridad—. Quiero que mi esposa sea pura.

Muchos esconden la belleza del amor sexual tras grandes mentiras. Es indudable que esto es obra de Satanás. Juan 8:44 habla acerca de su verdadera identidad. El diablo "ha sido homicida desde el principio, y no ha permanecido en la verdad, porque no hay verdad en él. Cuando habla mentira, de suyo habla; porque es mentiroso, y padre de mentira". ¿Quién es Satanás? Es un gran mentiroso. Y pienso que sus mentiras predilectas tienen que ver con tu sexualidad, pues él sabe lo mucho que significa. (Luego hablaremos más al respecto. Por ahora basta saber que el verdadero significado del sexo difiere tanto de lo que este desalmado mundo pretende que te desconcertará si jamás lo has escuchado.)

Me agrada comparar la manera como Satanás nos miente acerca del sexo con aquello que le ocurrió a Eva en relación con el árbol del conocimiento del bien y del mal. ¿Por qué? La Palabra de Dios nos dice que todo lo que había en el Huerto del Edén fue creado por Dios mismo. También dice que Él es incapaz de hacer algo que no sea bueno. Por consiguiente, es muy probable que dicho árbol tuviera un propósito bastante original y magnífico, para lo cual Eva solo tendría que esperar a que Dios lo revelara a su tiempo. Interesante, ¿no te parece? Amiga mía, con el sexo ocurre lo mismo. Es algo bueno y maravilloso que Él creó, y solo debemos esperar el tiempo de Dios para disfrutarlo. Satanás sabe que uno de los dones más preciosos en esta vida es la unión sexual entre un esposo y una esposa, si esperan para disfrutarlo después de la boda. Él quiere robarte esa bendición, y por eso te dice mentiras.

Creo que a esos dos hermanos del programa televisivo les hizo creer que les daría poder y plenitud. No obstante, sabemos que en el fondo se sienten un poco engañados. ¿Por qué necesitarían entonces tantas conquistas? También le mintió a mi amiga Claudia, al decirle que una relación sexual con su novio sanaría el dolor que sentía por no tener una buena relación con su padre.

De la misma forma, le dijo a mi amiga cristiana Jennifer que ella perdería a su novio a menos que buscara satisfacer las necesidades sexuales de él, aunque ella se había negado a hacerlo. Él la violó.

Le dijo a mi amiga Laura que si ella hacía todo excepto la consumación del acto sexual, todavía sería "pura". A la edad de quince años, me dijo que una relación sentimental cristiana y sólida me protegería. No sentía que debía estar alerta. Perdí gran parte de mi inocencia por causa de ese engaño.

Una de las mentiras de Satanás es que "todo el mundo lo hace". ¡Qué mentira! No todos lo hacen. Cerca del cincuenta por ciento de las jovencitas entre los quince y los diecinueve años han tenido una relación sexual.[1] ¡Eso significa que el otro cincuenta no!

Veamos otra mentira. Satanás consideró que no había suficientes adolescentes que sacrificaban su inocencia, así que apareció con su plan. Inclinó a los padres a pensar: Si todos lo hacen, y si existe algo tan horrible como el SIDA, será mejor darles a los hijos herramientas para protegerse. Ahora los padres y maestros dicen: "¡Puedes tener sexo seguro!"

La mentira de Satanás dice que para protegernos, debemos enseñar "sexo más seguro". La verdad es que la mayoría de los adolescentes dice que no quieren escuchar acerca de eso,[2] y que en realidad no es seguro en absoluto. El sexo seguro es una de las actividades más peligrosas. El condón, que es el arma de la mentalidad del sexo seguro, ofrece poca protección contra las enfermedades de transmisión sexual.

El virus del papiloma humano (VPH) es la principal enfermedad de transmisión sexual. Entre un cincuenta y un setenta y cinco por ciento de las personas con una vida sexual activa, adquiere el VPH3. Es una enfermedad incurable, y puede ser incómoda y vergonzosa, pues en ocasiones produce verrugas genitales. Sin embargo, aún más grave es el hecho demostrado de que es la causa única de cáncer cervical. Mientras otros factores aumentan el riesgo de padecerlo, se considera que el VPH es una condición "necesaria" para adquirir este tipo de cáncer.[4] ¿Sabes cuánta protección ofrece un condón contra el VPH? Ninguna. El VPH no se transmite a través de los fluidos corporales, sino mediante el contacto íntimo de la piel. ¿Qué tan seguro es entonces? Lo cierto es que no es seguro en absoluto.

¡Amiga, debes saberlo! Satanás mira tu sexualidad del mismo modo que lo hizo con el árbol del conocimiento del bien y del mal en el caso de Eva. Él se siente amenazado por él y hará lo que esté a su alcance para pervertirlo.

Es indudable que Satanás se sirve de muchas mentiras, y que las acomoda a su antojo según la persona a quien desea engañar. Sin embargo, después de escuchar el relato de muchas mujeres sobre su deseo de mantenerse puras, he observado tres mentiras diferentes que Satanás acostumbra usar. Se parecen mucho a las mentiras que le dijo a Eva en el huerto. Quiero que sepas cuáles son, a fin de que puedas identificarlas cada vez que las pone en tu camino. ¡Aquí viene una de las más grandes!

Escribe tu historia

¿Qué piensas? ¿En qué forma te ha engañado Satanás? ¡Espera! Antes de pensar que no has caído en el engaño, medita por un momento. Pídele a Dios que te revele cualquier secreto que podrías ignorar. (Yo no era consciente del engaño en mi propia vida. ¡Era una mentira muy astuta!)

Incluso si te aferras a tu inocencia y deseas llegar al altar de tu matrimonio inocente, ora para que Dios te revele si algo en tu corazón necesita limpieza o un cambio. Esto es muy importante. Dedica tiempo a escribir en tu diario este examen personal y tu oración al Señor.

Notas

1. Center for Disease Control/National Center for Health Statistics, *"The 1995 National Survey of Family Growth"* [Censo nacional sobre crecimiento poblacional, 1995], realizado por HHS' National Center for Health Statistics [Centro nacional de estadísticas de salud], 1 mayo 1997, http://www.cdc.gov/nchs/releases/97news/nsfgteen.htm. Información obtenida el 15 de mayo 2003.
2. Kristine Napier, *The Power of Abstinence* [El poder de la abstinencia] (Nueva York: Avon Books, 1996), 73.
3. Center for Disease Control, NCHSTP Program Briefing 2003, http://www.cdc.gov/nchstp/od/program_brief_2001/Genital%20HPV %20Infection.htm. Información obtenida el 15 de mayo 2003.
4. Center for Disease Control, HPV and Cervical Cancer: Testimony of Ronald O. Valdiserri, M.D., M.P.H. Deputy Director, CDC's National Center for HIV, STD, and TB Prevention before the Committee on Energy and Commerce Subcommittee on Health, US House of Representatives, 16 marzo 1999. http://www.cdc.gov/washington/testimony/wh031699b.htm. Información obtenida el 15 de mayo 2003.

3

La mayor mentira de Satanás sobre el sexo

Historia memorable

Catherine habla acerca de creer mentiras

Estoy sentada después de la conferencia que dictó Dannah en mi escuela cristiana acerca de la verdad de que Dios no rehúsa darme algo que sea bueno para mí. Pocos meses antes había creído lo contrario, la mentira. Deseaba estar más cerca de mi novio y accedí, y de inmediato la relación se terminó. Me sentía tan sola. No puedo describir el dolor emocional. Dannah oró conmigo el día de su charla, y me aconsejó hablar con mi mamá esa misma noche. Aunque parecía imposible, me armé de valor. Ahora mi madre ora todos los días conmigo antes de salir de casa, y tenemos conversaciones más maduras acerca de la vida y las relaciones. Me alegra tanto haberle contado, pues ella me está ayudando a restaurar mi corazón.

Catherine, Pennsylvania

Resistir la tentación de pecar

"¡Oye! ¿Sabías que Dios rehúsa darte algo que te conviene?"

Entre los animales salvajes que Dios creó, no había otro más astuto que la serpiente. Un día, la serpiente le dijo a la mujer: —Así que Dios les dijo que no comieran de ningún árbol del huerto? La mujer le contestó: —¡Sí podemos comer de cualquier árbol del huerto! Lo que Dios dijo fue: "En medio del huerto hay un árbol, que no deben ni tocarlo. Tampoco vayan a comer de su fruto, pues si lo hacen morirán". Pero la serpiente insistió: —Eso es mentira. No morirán, Dios sabe que, cuando ustedes coman de ese árbol, serán iguales a Dios y podrán conocer el bien y el mal. La mujer se fijó en que el fruto del árbol sí se podía comer, y que sólo de verlo se antojaba y daban deseos de alcanzar sabiduría. Arrancó entonces uno de los frutos, y comió. Luego le dio a su esposo, que estaba allí con ella, y también él comió (Gn. 3:1-6).

Me senté aturdida en la esquina del salón. La persona que me había animado a trabajar como misionera en el verano pasado estaba aquí para invitar a mi clase de la escuela secundaria cristiana a participar en lo mismo.

Mientras ella comenzaba a hablar, mi mente vagaba con recuerdos del pasado campo misionero de verano. Yo caminaba por el sendero de aquel lugar. Me uní al grupo de estudiantes nuevos, y todos cantamos "¡Yo tengo gozo, gozo en mi corazón… en mi corazón, en mi corazón!" Y en efecto, tenía gozo. Mi amor por Jesús era tan intenso que me llenaba de emoción pensar en los niñitos que aguardaban escuchar mis historias bíblicas ese verano.

En el transcurso del verano, decenas de jóvenes le entregaron su vida a Jesús. Cada miércoles fui fiel al compromiso que había firmado de pasar al menos una hora de oración por mi propio ministerio y el de otros misioneros de verano. En ocasiones tomaba el teléfono y llamaba a uno de ellos. Teníamos una amistad muy estrecha. Dios nos había unido con un asombroso lazo de amistad. En una ocasión, uno de los jóvenes más agradables del campamento me llamó… y oramos por teléfono por el ministerio de cada uno y por la protección de Dios… ay… ay…

Emprendí otro camino, y no me sentía protegida. Fue en octubre, y caminaba por un sendero en el bosque con Miguel. Estábamos solos. Yo quería estar con él, y a la vez no. Los últimos meses parecían un laberinto de tentación, y no lograba encontrar la salida. No podía compartir sus deseos de agarrarme y tocarme cada vez que podía. Me sentía como un ciervo acorralado. No sabía cómo reaccionar. Quería que dejara de forzarme a demostrar sus deseos conmigo y, sin embargo, había despertado otros en mí. Quería ser suya y que él me deseara. Con cada carta que me escribía, tejía redes alrededor de mi corazón. También expresaba un ferviente deseo de que sirviéramos a Dios juntos. Es decir, míralo, es agradable, me conviene. Podía controlarlo. Besos, caricias… solo toques inocentes. Podía controlarlo. No obstante, al final de ese camino descubrí que carecía por completo de control… ay.

"Dannah se desempeñó como misionera en el verano pasado y va a contarles algunas de sus experiencias" —dijo la persona encargada, trayéndome de nuevo al salón de clases. También había traído a mi memoria la realidad miserable de haber perdido lo que era verdaderamente bueno por algo que solo tenía apariencia de serlo, y que en realidad no era más que un pecado que me aprisionaba y aislaba.

Si no leíste todo el pasaje de Génesis 3:1-6 (de la página anterior) porque conoces la historia, vuelve a leerlo.

En los versículos 4 y 5 Satanás asestó un literal golpe mortal contra Eva. Observa cómo primero recurrió a su intelecto, haciéndola sentir inferior con las palabras: "Mira, no morirás… ¿no ves que Dios sabe que serás como Él al comer del fruto?" Habló como si tuviera experiencia. ¿Sabes lo que pienso? Creo que incluso Satanás, al igual que Adán y Eva, ignoraba lo que significaba la muerte. Después de todo, ¿dónde la había visto? Creo que solo Dios conocía por completo todas las consecuencias.

En pocas palabras, Satanás quería decirle: "Oye, ¿no sabías que Dios rehúsa darte algo que te conviene? Yo sí sé cuán bueno es, y además, no te hará daño en absoluto. Más bien te permitirá ser como Dios".

Llevó a Eva a creer que era tan inteligente como para determinar su propia moralidad, o lo que era bueno para ella. Ay, si tan solo Eva hubiera permanecido firme en la verdad de la Palabra de Dios. Él dijo: "mas del árbol de la ciencia del bien y del mal no comerás; porque el día que de él comieres, ciertamente morirás" (Gn. 2:17, RVR-60, cursivas añadidas). Dios dijo no, y Eva debió hacerlo también. En vez de eso, decidió que era tan lista como para dialogar con Satanás. Y como Eva estaba tan ocupada hablando, él encontró su punto débil. Ella le dijo que Dios les había advertido incluso de no tocar el fruto. Tal vez eso lo inspiró. "Oh, no morirás", silbó la serpiente mientras se deslizaba sobre el fruto maduro, tentándola a alargar su mano y "solo" tocarlo.

Satanás todavía se complace en hacerte sentir inferior, como si te perdieras de algo y no pudieras dar la talla. Le gusta hacerte pensar que te resulta imposible esperar ese maravilloso regalo y que si en verdad eres inteligente, no deberías aguardar más. La historia de Eva es muy similar a la del mundo en el que vivimos, y que es tan experto en asuntos sexuales. Nos vemos en la obligación de tratar estos temas todo el tiempo. Sin embargo, como Ed Young dijo en Sexo puro: "Todo cuanto los expertos se han esforzado por ofrecer en términos de instrucción sexual no ha suplido nuestro anhelo por algo trascendente, hermoso y puro. En cambio, hemos tenido que conformarnos con lo que algunos denominan 'nutra-sexo', un reemplazo artificial del sexo puro y que con el tiempo produce cáncer, tanto en las relaciones como en el alma".[1]

Te lo imploro, permanece firme... firme... firme en la Palabra de Dios. Efesios 5:3 dice que al interior de la iglesia "fornicación y toda inmundicia, o avaricia, ni aun se nombre" (RVR-60). Pablo dice que no todas las cosas convienen, y que no debemos dejarnos dominar de ninguna. También dice: "Huid de la fornicación. Cualquier otro pecado que el hombre cometa, está fuera del cuerpo; mas el que fornica, contra su propio cuerpo peca" (vea 1 Co. 6:12, 18, RVR-60).

Dios dice "¡no!", ¡y tú también puedes hacerlo! Sin discusiones. "¡No!", y punto.

A veces, si tienes suficiente determinación, Satanás susurra a tu oído: "No tienes que llegar hasta el final. Solo prueba un poco. No te hará daño".

¡Oh, no! Aquí regresa ese famoso "toque". Eva no es la única mujer que cayó en la trampa de argüir. Ya te conté que mi amiga Luisa creyó la mentira de que si solo se guardaba del coito sería pura. Luisa era una de las jovencitas más hermosas que he conocido. Su cabello era largo y de un color castaño natural y brillante. Las facciones de su rostro eran delicadas. Era una trampa, y los chicos lo sabían. Salía con cualquier joven, pero se inclinaba por los conquistadores de porte atlético. Ellos salían con ella por un rato, hasta sacar tanto provecho sexual como podían, y luego la dejaban porque no era suficiente. Así que había recorrido bastante.

Hacia el final de nuestros años de secundaria, Luisa comenzó a lamentar su estilo de vida. Advirtió que tenía una

> *"La vida entera cae en el hastío, la monotonía y fastidio cuando la virginidad y la pureza ya no gozan de protección y estima. En el afán por alcanzar la plenitud en todas partes, somos incapaces de hallarla".[3]*
>
> Elisabeth Elliot,
> *Pasión y pureza*

reputación que la acompañaría por el resto de su existencia. Sería difícil regresar a su pequeño pueblo natal sin encontrarse con un joven que no tuviera un recuerdo sexual de ella.

Durante mis últimos años de universidad conocí a muchas amigas que guardaron su virginidad a lo largo de los años más difíciles, y que de repente se rindieron para demostrar sus hazañas sexuales justo antes de su boda o incluso antes de comprometerse. La mayoría sentían remordimiento por haber tomado esa decisión. Varias quedaron embarazadas.

Para mi desdicha, las "caricias" inocentes que yo misma practicaba se intensificaron de manera gradual hasta llegar a una forma de "nutra-sexo". Puedo decirte que esto causó un doloroso cáncer, del cual pensé que nunca lograría curarme. Creí la mentira de Satanás de que Dios rehusaba darme algo que era grandioso para mí.

La verdad de Dios comprende el hecho de que hay razones prácticas para esperar. En 1996, el estudio acerca de la sexualidad más confiable realizado hasta la fecha fue publicado por la Universidad de Chicago. Algunos de sus hallazgos arrojaron las siguientes conclusiones:

- "Las personas que declararon la mayor satisfacción física (mediante el sexo) y emocional, eran parejas casadas".
- "La proporción más baja de satisfacción se encontró entre hombres y mujeres que no estaban casados y vivían solos, la población de la cual se presumía que gozaba del sexo más excitante".
- "La satisfacción física y emocional comenzaba a menguar en el momento en que una persona tenía más de una pareja sexual".[2]

A que no te imaginas… La Palabra de Dios promete exactamente eso en Deuteronomio 6:24: "Entonces nos ordenó respetarlo siempre y obedecer sus enseñanza. Si somos obedientes a Dios y a sus mandamientos él nos hará prosperar y nos mantendrá con vida". El escritor se refería a las leyes que Dios ya había establecido. Allí explica que el propósito de dichas leyes era prosperar a la nación de Israel. Lo mismo está presente a lo largo de las Escrituras. Ese fue el plan de Dios para Israel en ese momento, y es el anhelo de Dios para ti y para mí hoy, para que gocemos de una vida sana, vigorosa y próspera. Dios no rehúsa darnos algo para que vivamos frustrados. Él sabe cuán maravilloso será el sexo si esperamos. Permíteme decirlo de nuevo. Dios dice "¡no!", y tú también puedes. Sin discusiones. Sin caricias. "¡No!", y punto.

Más adelante presentaré otros secretos acerca de cómo prosperar con ayuda de la verdad de Dios. Sin embargo, debemos hablar primero acerca de la segunda gran mentira y cómo caí en ella, pues la primera y la segunda por lo general golpean duro y rápido. No puedes entender por completo las repercusiones de la primera sin antes comprender la fuerza de la segunda.

Notas

1. Ed Young, *Pure Sex* [Sexo puro] (Sisters, Oreg.: Multnomah, 1997), 12-13. Este libro se encuentra publicado en castellano por Casa Bautista de Publicaciones, El Paso, Texas.
2. Robert T. Michael, John H. Gagnon, Edward O. Laumann, y Gina Kolata, *Sex in America* [Sexo en Norteamérica] (Chicago: Univ. of Chicago Press, 1996), 124-25.
3. Elisabeth Elliot, *Pasión y pureza* (Miami: Betania, 1995).

4

La segunda gran mentira de Satanás acerca del sexo

Historia memorable

Sandra habla acerca de esconderse
Mi familia siempre estuvo atenta a mi vida sentimental y creía en el cortejo formal. Me entristece decir que a pesar de que mi familia había establecido esta norma para protegerme, perdí mi virginidad a los quince años. Decidí que nunca me casaría. Dios me había llamado a ser misionera en un país específico y lejano en África. Allí serviría a Dios como una mujer soltera. No me involucré con alguien hasta el último año universitario.

Mi papá me pidió que aceptara salir con un joven. Lo hice solo para no tener que contarle mi experiencia pasada.

Supuse que la relación sería un fiasco, pero no lo fue. Imagínate cuán desconcertada quedé semanas más tarde, cuando mi pretendiente me dijo que Dios había puesto en su corazón el deseo de alcanzar para Cristo esta lejana y diminuta población africana, la misma por la cual yo había orado durante años.

No pasó mucho tiempo para que este hombre del cual me había enamorado en cuestión de meses pidiera mi mano en matrimonio. Huí en llanto. Sin duda era indigna.

Horas más tarde, él me buscó y dijo con tranquilidad: "Sé por qué te sientes indigna. Solo puede haber una razón. Te perdono, quiero compartir mi vida contigo y

*ayudarte a vivir en ese perdón. Siento que el Señor me
pide darte un plazo de dos semanas".*

*Al cabo de dos semanas exactas estaba sentada en un
retiro acerca de la pureza al cual me habían invitado mis
amigas. Dannah Gresh dio la conferencia. Aquel día sentí
que la sanidad divina invadió mi corazón al hablar con
ella. Después de orar por mí, ella me preguntó: "Y ahora,
¿qué opinas de esa propuesta de matrimonio?". Sonreí y
dije: "¡La aceptaré!"*

Sandra, Ohio

Esconderse tras hojas de higuera

"¡Ja! Ahora que caíste, ¡Dios ya no te necesita!".

*En ese mismo instante se dieron cuenta de lo que habían hecho y
de que estaban desnudos. Entonces tomaron unas hojas de higuera
y las cosieron para cubrirse con ellas. Con el viento de la tarde, el
hombre y su esposa oyeron que Dios iba y venía por el huerto, así
que corrieron a esconderse de él entre los árboles. Pero Dios llamó
al hombre y le preguntó: —¿Dónde estás? Y el hombre le contestó:
—Oí tu voz en el huerto y tuve miedo, pues estoy desnudo. Por
eso corrí a esconderme. —¿Y cómo sabes que estás desnudo? —le
preguntó Dios—. ¿Acaso comiste del fruto del árbol que te prohibí
comer? El hombre respondió: —La mujer que tú me diste por
compañera me dio del fruto del árbol. Por eso me lo comí. Dios se
dirigió entonces a la mujer, y le dijo: —¿Qué es lo que has hecho?
Y la mujer le respondió: —La serpiente me tendió una trampa.
Por eso comí del fruto (Gn. 3:7-13).*

Cada noche se repetía la historia. Caminaba por una
autopista congestionada y oscura con Miguel. Sona-
ban las bocinas. Brillaban las luces, y a pesar de eso la
oscuridad era densa. A los lados de la bulliciosa autopista no
había más que tinieblas. Apretaba con más fuerza la mano de
mi novio. Lo miraba. Lo llamaba. Él esquivaba mi mirada.
Volvía a llamarlo. ¿Por qué me eludía?

De repente apareció una luz imponente frente a nosotros, como un relámpago. Tenía un resplandor cálido y dorado, que contrastaba por completo con la frialdad de aquel lugar. Mi novio soltó mi mano en silencio, y sentí que se paró detrás de mí. La gran luz estaba justo frente a mí.

No escuché voz alguna, pero sentí que ese resplandor representaba la presencia de Dios que me invitaba a entrar, a escoger a Dios en vez de ese amor mundano en el cual persistía y al cual me aferraba. Dudé lo suficiente para que la luz se desvaneciera tan pronto como había aparecido. Miré alrededor, y mi novio se había ido.

La autopista estaba vacía.

La oscuridad me invadió.

Estaba sola.

"¡No!", grité al despertarme de mi profundo sueño.

La luz de la luna penetraba en mi habitación y formaba un haz de luz que atravesaba mi cama. La miré y apreté con más fuerza mis cobijas, apesadumbrada con un sudor frío.

¿Cuántas veces en los últimos meses el mismo sueño había interrumpido mi tranquilo descanso? Nunca antes había tenido un sueño parecido. Era real, y podía recordar cada detalle. Tenía significado. Mi dolor era tan grande.

Me escondí más y más entre mis cobijas, y con mi frío sudor.

El hombre que es ahora mi maravilloso esposo trabajó como auxiliar residente en la universidad. Un sábado tarde en la noche entró en un salón para inspeccionar. Escuchó que alguien lloraba dentro de un armario. Al abrir la puerta, encontró a un joven acurrucado allí. Quería estar solo, pero estaba destrozado emocionalmente.

Después de un prolongado intento por consolarlo y determinar la posible razón por la cual un hombre fuerte y sano se escondía en un armario para gemir, vino la confesión. La joven a quien frecuentaba y con quien esperaba casarse un día había aceptado por fin tener sexo con él. Y lo hicieron. Y ahora él se escondía, sin saber si lograría enmendar la falta de respeto que había mostrado hacia ella y hacia él mismo.

¿Te suena familiar? Se parece a lo que Adán y Eva hicieron después de probar aquel fruto. Oh, amiga mía, puedo asegurarte que no se escondieron despreocupados. Se ocultaron con una gran pena y culpa. Lo sé por experiencia. Al elegir a mi novio perdí la capacidad de sentir la presencia misma de Dios que en algún momento había amado tanto. Fue una experiencia muy similar a la de Adán y Eva. No es que Dios estuviera ausente. Él caminaba cerca y decía: "¿Dónde estás, Dannah?" Yo estaba demasiado avergonzada para salir. Renuncié a la escuela dominical donde enseñaba. Renuncié a mi trabajo como misionera durante el verano.

Me escondí.

Solo puedo imaginarme a Satanás riendo a lo lejos. "¡Ja! Ahora que caíste, ¡Dios no te necesita!" ¡Precisé mucho tiempo para descubrir que era una gran mentira! (¡Oh, volver a esos años!)

¿Cuál es la verdad?

Antes de terminar, permíteme decir ante todo que es imposible evitar las consecuencias del pecado. Por causa de su pecado, Adán y Eva fueron expulsados del huerto. Adán tuvo que trabajar duro para alimentar a su familia, y Eva daría a luz sus hijos con gran dolor. Incluso la serpiente fue desprovista de sus patas. Las consecuencias fueron penosas.

El rey David cometió un pecado grave. Adulteró con la esposa de otro hombre (Betsabé). Luego, al enterarse de que ella estaba embarazada, terminó con el asesinato de su esposo para ocultar su pecado. En realidad, son consecuencias bastante penosas. Un bebé ilegítimo en camino, y sangre en las manos de David. Apuesto que David y Betsabé pasaron muchas noches en vela. Me imagino que Betsabé lloró la pérdida de su esposo porque, en cierta forma, había sido culpable. Y tras la muerte del bebé, puedo imaginarme que ambos pensaban en el hecho de que nunca habrían experimentado tan horrible pérdida si no hubieran pecado.

Sí, las consecuencias del pecado pueden perdurar mucho tiempo y ser muy dolorosas, pero ¿significa eso que Dios ya no quería que David gozara de una relación duradera de amor con Él? Bueno, Dios observó en todo su despliegue el melodrama, y envió a Natán para amonestar a David. (Yo creo que David estaba en el punto donde piensas que debes esforzarte por volver al corazón de Dios, limpiar la culpa y venir delante de Él.) Después de ser confrontado, David se arrepintió, y de inmediato Natán le dijo: "Dios te ha perdonado" (2 S. 12:13). No hubo duda, ni dilación. Dios acogió sin tardar a David en su presencia. Y volvió a obrar a través de él. ¡David será para siempre reconocido como un hombre "conforme al corazón de Dios"! (vea 1 S. 13:14).

¿Su pecado sexual significó que ya no sería útil para Dios? ¡No!

A Satanás le agrada hacerte sentir que tu pecado arruinó tu vida, y que permanecerá contigo para siempre. La verdad es que Dios toma ese pecado y lo arroja tan lejos como está el oriente del occidente. Él nos promete en Ezequiel 18:22: "Vivirá por causa de su rectitud, y yo no volveré a acordarme de todos los pecados que cometió". Créelo. Conoce la verdad de Dios. Y aplasta con ella la mentira de Satanás.

Durante mucho tiempo sentí que mi pecado era mi aniquilación final. Había abandonado el plan de Dios y escogido algo inferior. Mi corazón se enredó y ahora pagaba las consecuencias. Me sentía sola en medio de una relación que debió resultar divertida. Durante los años que debí aprovechar para sentirme libre y gozar de mi soltería, me sentí atrapada. Sentía vergüenza de entrar en la presencia de Dios.

¿Alguna vez te has sentido así? Quizá lo tuyo no sea de índole sexual. Tal vez solo te obsesione la idea de tener un novio. O tu manera de hablar echa a perder tu testimonio. ¿Cómo puedes liberarte para no sentir que eres completamente inútil en las manos de Dios, o en cualquier otro sentido?

Permíteme traducir al lenguaje actual un texto del gran escritor C. S. Lewis. En El gran divorcio, él escribe acerca de una lagartija roja y flacucha que colgaba del hombro de cierto fantasma. La lagartija se burlaba de él y lo fastidiaba, susurrándole a diario grandes mentiras. El fantasma trataba de controlarla, pero fracasaba en su intento. Un ángel apareció y le ofreció al fantasma librarlo de la pequeña lagartija. Sin embargo, el fantasma comprendió que para poder librarse de ella sería necesario matarla. El fantasma se sentía incapaz de hacerlo.

Entonces comenzó a razonar. Pensó que quizá podría domesticarla y entrenarla. Pensó que poco a poco podría librarse de ella. El ángel insistió en que esa idea no funcionaría, pues la pequeña lagartija roja era muy astuta. Debía escoger entre la muerte de la lagartija o su propia derrota.

Por fin, el fantasma accedió a que el ángel lo liberara de aquella lagartija. Esta gritó y se retorció agresiva desde el hombro del cual colgaba. Con un gran giro de la muñeca, el ángel la lanzó directo al suelo, donde el impacto fracturó su espalda. Entonces ocurrió algo asombroso. El fantasma se convirtió de repente en un hombre perfecto, y la lagartija muerta y enclenque se transformó en un magnífico caballo de oro y plata. El nuevo hombre montó el gran caballo, y partió lejos.

El profesor del libro de Lewis explica: "¿Qué es una lagartija comparada con un caballo? La lujuria es algo endeble y decadente que gimotea y cuchichea, en contraste con el vigor y la riqueza del deseo que surge tras la aniquilación de la lujuria".

Hasta la edad de quince años, jamás dudé que Dios pudiera guiarme y usarme. Mientras sostuve mi relación con Miguel, esta confianza se rompió en mil pedazos. Era incapaz de recogerlos porque una pequeña lagartija en mi hombro susurraba a mis oídos las frases más horribles.

"Eres incapaz de dejarlo. No seas hipócrita. Vamos. Ya no podrás hacerlo de nuevo. ¿Cómo les explicarás a tus amigos la razón por la cual lo dejaste? Oh, tal vez sea mejor que dejes de enseñar en la escuela dominical hasta que hayas arreglado este asunto y, de todos modos, ni se te ocurra enseñar en reuniones cristianas. No es que seas tan mala, pero ¿qué ejemplo darías si te descubren? Tienes que dejar ese ministerio para quienes sí tienen un corazón limpio".

Quiero que sepas que yo no advertí el momento en que el pecado me atrapó. Me comporté de manera similar a Adán y Eva después de probar el fruto prohibido. Me escondí. Sentí que después de haber caído ya no podía serle útil a Dios. Sí, había consecuencias. No obstante, así como Dios recorrió el huerto buscando afanosamente a sus amados Adán y Eva, anhelaba traerme de nuevo a una relación de amor con Él. Fue como ese ángel, a la espera de romperle el cuello a esa pequeña y astuta lagartija de lujuria. Solo que yo no lograba disponerme para permitírselo.

Escribe tu historia

Y ¿qué de ti? ¿Cómo se llama tu pequeña lagartija? ¿Lujuria? ¿Sexo abierto? ¿Caricias y besos desmedidos? ¿Delirio por los hombres? ¿Malas palabras? ¿Desenfreno al pecar para luego expiar la culpa? ¿Ira? ¿Materialismo? Detente ahora mismo e imagínate esa pequeña y delgada lagartija en tu hombro. Luego mira a Dios, quien puede librarte de ella, y dile de todo corazón: "No puedo. ¿Qué debo hacer?" Anda. Toma tu diario y escríbelo. Por favor, hazlo.

5

Romper es difícil

Historia memorable

Cristina habla acerca de romper relaciones
Había gozado de mi salvación durante diez años y seguía virgen. Sin embargo, a los diecinueve años cedí con un joven con quien pensé que me casaría. No creí que hubiera una buena razón para esperar. Leí Y la novia se vistió de blanco *y, si bien me convenció, nada hice al respecto. Al final, la culpa era abrumadora. Rompí con mi novio con quien llevaba un año ¡y no fue nada fácil! Con todo, gracias a Dios y a la ayuda de un grupo de apoyo, lo logré… mi relación con Dios se ha fortalecido mucho… ya he podido usar mi experiencia para ayudar a otras jovencitas mediante charlas acerca de la pureza en mi iglesia con el libro* Y la novia se vistió de blanco. *Me alegra profundamente haberlo tenido como guía cuando más lo necesitaba.*

Cristina, California

Cortar relaciones pecaminosas en tres pasos

Por eso, ya no vivan ni sean como antes, cuando los
malos deseos dirigían su manera de vivir. Ustedes deben
cambiar completamente su manera de pensar, y ser honestos
y santos de verdad, como corresponde a personas que Dios ha
vuelto a crear para ser como Él (Ef. 4:22-24).

ira", dije enojada por mi falta de autocontrol. "Mi diario está lleno de eso. Rompemos... nos reconciliamos... rompemos... y volvemos".

Le pasé mi diario a Lisa Payne, y le mostré los apuntes más recientes.

1–23 Se acabó. Miguel y yo dijimos varias veces que nos amábamos. Y sé que así es. Sé que está bien terminar, pero eso no quita la pena.

1–24 Volvimos. Qué locura ¿eh? Ayer llamó a media noche y "lo arreglamos".

1–26 Mi condición espiritual solo ha empeorado. Quiero hacer la voluntad de Dios, pero estoy tan alejada que en realidad estoy fuera de ella por completo.

Lisa cerró el diario y me hizo un agudo comentario. En el mismo instante ambas recordamos la ruptura que habíamos tenido hacía diez meses. Habíamos pasado juntas aquella noche para llorar y apoyarnos mutuamente.

Ella acababa de perder a su padre por un cáncer. Yo sentía como si hubiera perdido mi corazón por un cáncer espiritual. Cada una en su dolor sentía la pena de la otra. Recordé haberle dicho lo tonta que me sentía llorando por un simple novio, mientras que su dolor se debía a una pérdida mucho mayor.

"Oye, al menos tengo alguien con quién llorar", dijo ella al tiempo que se sonaba y me pasaba otra caja de pañuelos. Ambas reímos con esa risa liberadora y estruendosa que solo viene después de pasar por un buen llanto largo.

Horas más tarde, él llamó. Volvimos, y en verdad me sentí mal por dejarla sola en su momento de dolor, mientras yo retornaba con ligereza al camino fácil.

"Bueno, me dijo ella, para hacerme volver al presente". Ya sabes lo que tienes que hacer. Rompe con esa relación por tu bien. Esta vez no te dejaré el camino fácil.

Lisa siempre decía "¡carácter antes que alianzas!" Era su frase célebre para referirse a las citas amorosas, y muy buena por cierto. Era evidente que mi relación anteponía una alianza antes que mi propio desarrollo personal y, por desgracia, mi relación con Dios.

"Eres una gran amiga", le dije con ironía. Tomé el teléfono. Me pareció como si hubiera transcurrido una hora antes que mi pesada mano alcanzara el auricular. Marqué su número, y luego miré a Lisa. Ella permanecía de pie en la puerta, lista para salir y darme unos minutos a solas para hacer lo que me correspondía.

Hola — respondió con la conocida voz suave que yo sentía mía.

—Hola —fue todo lo que pude decir.

—¿Qué sucede? —dijo, al percibir de inmediato el tono de mi voz.

Permanecí en silencio.

—Dannah —rogó.

Cómo me encanta escucharlo pronunciar mi nombre —pensé—. Tal vez puedo hablar con él un rato… aprovechar "nuestros" últimos minutos.

—¡Dannah! —me instó.

—Se acabó —dije con frialdad, como un niño que suelta a un animal, a sabiendas de que solo una despedida cruel puede alejarlo—. Ya no quiero más esto. Nuestra relación no es lo que Dios quiere para nuestra vida en este momento —dije—. Tú también tienes que dejarla.

Él se quedó callado. Nunca antes había actuado así. Pensé que su deseo también era vivir bajo la bendición de Dios, y él comprendió que eso significaba el rompimiento de nuestra relación.

Después de un momento, ambos colgamos en silencio el teléfono. Tomé mi diario para clamar a mi Dios, al tiempo que las lágrimas corrían por mis mejillas.

11-20 Mi corazón está frío y aturdido. Es decir, lo que siento es tan intenso que me produce una verdadera pesadez en el pecho. Señor, en tu plan perfecto, ¿qué quieres enseñarme? ¿Por cuánto tiempo? Mi voluntad se cruza con la tuya. La mía debe morir.

Lisa regresó. Me abrazó y yo me desplomé. Lloramos de nuevo. Esta vez no volvimos a llamar.

Si le has entregado tu corazón o tu cuerpo a alguien, y has sentido cierta turbación tras leer los últimos capítulos, es probable que sea el Espíritu Santo el que te habla. Mientras escribo ¡le he pedido todos los días a Él que obre en tu vida! ¿Es así? Bueno, puedes tener la absoluta certeza de que Él obra porque tiene un plan maravilloso para tu vida. Supera todo lo que jamás podrías imaginarte. Sé que ahora piensas que ese joven es el amor de tu vida. Todavía no puedes ver más allá. No puedes siquiera imaginarte alguien que se le parezca, pero Dios tiene un plan muchísimo mejor.

Ahora mismo, tienes que tomar una difícil decisión. Poco importa si has tenido una relación con alguien durante un mes o cinco años, si la relación se inclinó hacia lo sexual o asfixia tu amor por Jesús, ¡romperla es difícil!

No obstante, las Escrituras reiteran con claridad que debemos alejarnos de cualquier cosa que estorbe nuestro amor por Dios. El anterior versículo dice que debemos despojarnos de nuestra pasada manera de vivir. Sé que no es fácil. En realidad no puedo mitigar el dolor que esto te causará, pero puedo ofrecerte un plan que puedes seguir paso a paso.

Habla con Dios

Justo antes de romper con mi novio, acudí a la Palabra de Dios. Dios me dio la fortaleza y la convicción para tomar la decisión correcta. También fue muy amoroso conmigo.

Ezequiel describe una escena horrible del estado del corazón de Israel hacia Dios, quien los amaba y se consideraba como el Amante de su pueblo. En un momento determinado, Dios le indicó a Ezequiel que describiera a Israel como una recién nacida desvalida, ensangrentada y abandonada en un campo sin que fuera cortado su ombligo, y en esa condición Dios vino y la limpió con amor, la vistió y cuidó de ella. (Una escena bastante lamentable, por cierto. Sin embargo, Dios en realidad quería que comprendiéramos de ese modo que nos ama sin importar nuestra condición.)

Luego, al crecer Israel y convertirse en una mujer, amó a Dios solo por un momento.

Entonces comenzó a utilizar los vestidos esplendorosos, las joyas y los regalos que su Amado le había ofrecido, para dárselos a sus amantes. El Dios del universo se dolió profundamente al ver que una y otra vez Israel elegía amar a cualquier otro menos a Él. En Ezequiel 11, este grandioso y paciente Amado dijo "es tiempo de que vuelvas a mí". Sin embargo, ¿cómo podría volver Israel? Ya había tenido hijos

> *Dios comprende el dolor*
>
> *Sé que romper es difícil.*
> *Sé que el dolor parece incomprensible para todos.*
> *Sabe que Dios puede.*
> *"Cumbres desnudas de soledad... un desierto cuyo viento abrasador barre las arenas fulgurantes.*
> *¿Qué son para Él?*
> *Aun allí puede refrescarnos. Aun allí puede renovarnos".*
>
> Amy Carmichael
> *Windows*

con otros amantes. Tenía recuerdos, casas y posesiones que eran fruto de esas relaciones.

El verdadero Amor de Israel apareció con un gran regalo en Ezequiel 11:19, con estas palabras: "Y les daré un corazón" (RVR-60, cursivas añadidas). El versículo 20 continúa: "entonces… obedecerán mis mandamientos y vivirán como les he ordenado que vivan. Ellos serán mi pueblo y yo seré su Dios" (cursivas añadidas).

Él sabe que tienes recuerdos. Él sabe que tienes posesiones, canciones, y apodos cariñosos. Él entiende lo doloroso que puede ser, y quiere darte un corazón íntegro para que puedas lograrlo. Él no espera que vuelvas a buscar por ti misma su corazón, o que vuelvas a Él sin su ayuda. Comienza por hablar con Él, y por recibir su regalo de un corazón nuevo.

¿A qué me refiero con un corazón íntegro? Por supuesto, me refiero a tu corazón en sentido figurado, como suele hacerse al hablar de amor y devoción. El corazón como metáfora constituye el "órgano" central de tu vida emocional y espiritual. Puede compararse con el corazón físico, que es el órgano central de tu vida corporal. Si alguien tiene un corazón saludable, las cuatro cavidades palpitan de manera rítmica. ¿Qué ocurriría si una mitad del corazón decidiera que no quiere trabajar con la otra? Quizá sentirías palpitaciones, o tu corazón dejaría de latir por un momento. Podría resultar muy doloroso, o tal vez ni lo notes. No significaría una sentencia de muerte inminente, pero tu cuerpo se debilitaría de manera progresiva si esa mitad del corazón rehúsa cumplir con su parte de esta labor conjunta. Tarde o temprano, ese "corazón dividido" arruinaría tu calidad de vida, y algún día podría causarte la muerte.

Lo mismo ocurre con nuestro corazón en sentido metafórico. Espero que, al igual que yo, un día te hayas sentado ante el gran y amoroso Dios del universo para decirle: "Está bien, no soy perfecta. He pecado. Por eso no merezco estar en tu presencia. Reconozco que en realidad merezco la muerte, pero gracias, muchas gracias por enviar a tu precioso Hijo

Jesús para morir en mi lugar. Yo recibo el maravilloso regalo de la vida eterna por medio de su muerte. ¡Desde ahora y por la eternidad mi corazón te pertenece!" A partir de ese momento, el trabajo de tu corazón consiste en latir al ritmo del corazón de Dios. Sin embargo, si la parte de tu corazón que maneja las emociones se involucra en una relación, un hábito, o una costumbre contraria a la voluntad de Dios y que te aleja de Él, padeces el mismo mal que un corazón físico cuyo latido carece de armonía. Tus emociones, tu impulso espiritual, y tu calidad de vida comienzan de súbito a decaer. Al igual que sucede con el físico, tu corazón en sentido figurado tampoco puede soportar un latir disonante.

Escribe tu historia

Toma un momento y pídele a Dios que te dé un corazón íntegro. Incluso si no tienes una relación sentimental en este preciso momento, pero sientes una atracción incontrolable hacia un joven, debes comenzar a pedirle un corazón íntegro. Busca a Dios. Cuéntale acerca de los recuerdos, las esperanzas, los sueños. Pídele un corazón íntegro.

Cuéntale a una amiga

El hecho de que Dios haya comenzado a obrar en ti no significa que a tu corazón humano le resulte fácil perseverar. Yo no habría podido romper con mi novio si Lisa no me hubiera ayudado a llevar la carga. Ella fue un elemento esencial para recuperar mi fortaleza a fin de llevar una vida pura.

Te sugiero buscar una o dos amigas que te apoyen en esto por dos razones. Ellas pueden evaluar lo que dices y animarte a permanecer firme. Debes hablar con una amiga antes de llamar a tu novio y de darle ocasión de tocar las fibras de tu corazón.

Yo todavía lo pongo en práctica en mi vida. Por lo general, acudo a mi esposo y le digo: "Siento que Dios me dice esto. ¿Podrías animarme?" También acudo a otros consejeros sabios como mi madre y mujeres mayores que aman a Dios y me dan ánimo. La semana pasada, una joven de mayor edad que pertenece a mi grupo juvenil rompió con su novio. Tenía que hacerlo, pero fue muy doloroso. Así que le comentó su situación a una amiga cristiana. Su amiga la animó y le sugirió escribir una carta a fin de plasmar todas sus ideas con anticipación y no ceder en su determinación. Luego, la amiga le propuso sacar una copia de la carta que le sirviera como fuente de aliento para las semanas siguientes. Fue un consejo sabio de una buena amiga.

Cuéntale a una amiga lo que sientes que Dios te dice, a fin de que puedas ponerlo a prueba y tu amiga te anime a seguir adelante.

Busca una salida rápida y estratégica

Me gustaría poder interrogar a José con respecto a la esposa de Potifar. Ella era una de las mujeres más adineradas y famosas de Egipto. Apuesto que tomaba baños de barro al estilo egipcio y tenía sus pies recubiertos con cera para protegerlos del polvo. Imagínate que tal vez nunca haya tocado polvo con sus pies. Es probable que se transportara por Egipto en algún tipo de silla dorada. Me imagino que tenía una piel blanca y tersa, y un cabello negro con el clásico corte egipcio. De hecho, quizá pudo ser la pionera de esa moda. ¿Sabes a qué me refiero? ¡Creo que era una mujer fatal! Sin embargo, en Génesis 39, José no lo pensó dos veces antes de huir… y rápido.

Si sostienes una relación que te inclina a pecar, o que trastorna tu amor hacia Dios, debes cortarla de inmediato. José constituye un gran ejemplo de un hombre que supo tomar una salida rápida y estratégica.

Me siento muy orgullosa de una joven llamada Helena. Ella era recién convertida a Cristo cuando vino a mi retiro. El novio que tenía en ese momento la había guiado a Jesús. En el retiro, ella reconoció que la relación se inclinaba hacia lo físico a pesar de que ambos amaban tanto a Dios. Al día siguiente del retiro ella rompió su relación con él. Esa fue una salida rápida y estratégica que habría impresionado a José. Y adivina qué. Poco después del retiro su "ex" dejó a una jovencita embarazada. Dejó la universidad y consiguió un empleo. Pudo ser Helena, pero no lo fue.

¿Cómo te encuentras respecto a la necesidad de romper relaciones? ¿Existe una que tuviste hace poco y que aún te causa dolor? Busca a Dios para que te dé un corazón íntegro, y acude a una amiga que te anime. ¿Todavía sostienes una relación que debe terminar? Comienza por hablar en serio con Dios y pedirle un corazón íntegro, y luego busca a una amiga que te aliente para tomar esa salida rápida y estratégica. Quizá no estás involucrada en una relación perjudicial, o jamás lo has estado. ¡Felicitaciones! Los siete secretos están a la vuelta de la esquina, y pueden ayudarte a nunca tener que tomar dicha decisión.

Por eso, dejen de pecar y vuelvan a obedecer a Dios.
Así él olvidará todo lo malo que ustedes han hecho,
les dará nuevas fuerzas (Hch. 3:19).

6

Secreto 1
La pureza es un proceso

Historia memorable

Juana habla acerca de la pasión por la pureza
Me llamo Juana. Provengo de una ciudad llamada Pardubice, en la República Checa. Soy maestra de escuela secundaria, y también trabajo con el ministerio y la enseñanza de jóvenes. En septiembre de 2001 pasé un mes en los Estados Unidos. Allí compré el libro Y la novia se vistió de blanco y la guía para líderes. Apoyo el ministerio para las jovencitas en nuestra iglesia, y durante mucho tiempo había pensado diseñar una manera más organizada para explicar el tema del sexo y las relaciones amorosas en mi labor pastoral.

Asistí al primer retiro en abril de 2001, y desde entonces he organizado retiros y he entrenado a mujeres que son líderes de jóvenes por todo el país.

Juana Hekalová, República Checa

Definición de inocencia y pureza

*Dios desea que "**seamos** intachables y puros"*
(Fil 2:15, NVI, negrillas añadidas)

"¡**O**ye, Dannah!", exclamó Jaime, un estudiante universitario rubio y musculoso a quien yo acababa de conocer. Crucé la calle para acercarme. Él dijo: Juan, Daniel y yo vamos a preparar un asado para cenar en un rato. ¿Te animas? Yo invito. Si era una invitación a salir, no estaba lista. Si era un simple gesto de cortesía, no quería forzar la situación. Había permanecido en Cedarville solo unas semanas durante el verano para terminar el anuario. En ese diminuto pueblo los jóvenes solían extender ese tipo de invitaciones para compartir un rato juntos, en vista de que no había mucho qué hacer.

Con dificultad cambié de costado la pila de carpetas que llevaba, al tiempo que buscaba con afán mis llaves... y una respuesta. —Bueno, en realidad acabo de ordenar una pizza para mí. Tal vez deba esperar a que llegue, ¿no te parece? Reí.

Buena respuesta, Dannah —pensé. Ni siquiera percibió tu incomodidad. Buen argumento. Y era verdad. La pizza iba en camino.

—Tal vez en una próxima ocasión —dijo Jaime al tiempo que se despedía y alejaba.

La verdad era que no estaba segura de volver al terreno de las citas amorosas. Por ahora eso significaba evitar del todo a los hombres, pues sabía mi debilidad de aferrarme a uno si tenía la oportunidad. Ya lo había echado a perder antes, y me divertía mucho como soltera. Tendría que preparar un plan para la próxima vez. Todavía no estaba lista.

De regreso a mi trabajo con el anuario, saqué de mi bolsa mi diario y mi Biblia. La oficina donde trabajaba había sido muchas veces un lugar de refrigerio para estar con Dios. Leí algunas anotaciones del año pasado.

9–15 Añoro tener a alguien que me abrace... que lo arregle todo. Quisiera devolver el tiempo y repetirlo todo a la perfección. ¿Por qué yo, Señor? ¿Por qué me escogiste para experimentar lo que conocí? ¿Puedo cambiarlo? Hay una gruesa capa de secretos sucios en mi corazón. Solo tú los conoces. Solo tú puedes llegar hasta allá y limpiarlos... solo tú.

Tomé mi pluma y mi Biblia. Ya me sentía diferente. Estaba sentada frente al gran Dios del universo, quien me enseñaba a rechazar las pasiones mundanas y a llevar una vida pura. Comencé a escribir:

> *¡Soy pura! El Señor me ha purificado por completo. Dice 1 Juan 2:28; 3:1-3: "Y ahora, hijitos, permaneced en él... tengamos confianza... no nos alejemos de él avergonzados... Mirad cuál amor nos ha dado el Padre... cuando él [Cristo] se manifieste, seremos semejantes a él... Y todo aquel que tiene esta esperanza en él, se purifica a sí mismo, así como él es puro" (RVR-60).*

¿Puedo preguntarte algo? ¿A veces sientes como si lo hubieras echado todo a perder? ¿Como si hubieras arruinado la perfección que Dios te dio al nacer? ¿Como si hubieras contaminado la bondad con que te creó? Tal vez sea algo insignificante y tonto que te hace sentir inferior. Quizás un gran secreto, un pecado sexual que limita tu andar con Dios. Los recuerdos pueden resultar más convincentes que cualquier juez o jurado.

Pasé por un período de verdadera lucha con mi propia pureza durante los primeros años de Universidad. Llegué a pensar que lo había echado todo a perder. Los recuerdos me perseguían y me hacían sentir inferior. En mi mente, ya no era pura. Había arruinado la perfección con que Dios me creó. Ahora bien, examinemos esto por un momento a la luz de las Escrituras:

"Tengo que admitir que soy malo de nacimiento, y que desde antes de nacer yo era un pecador" (Sal. 51:5).

"Todos hemos pecado, y por eso estamos lejos de Dios" (Ro. 3:23).

"No hay en este mundo nadie tan bueno que siempre haga el bien y nunca peque" (Ec. 7:20).

Tranquila, no naciste ayer, así que puedes asimilarlo... no naciste pura. Eras inocente en el momento de nacer, pero las Escrituras dicen que naciste en pecado. De modo que esta idea de que "perdiste" tu pureza no tiene sentido. Nunca la tuviste.

Me gusta la explicación que le da Kaye Briscoe King, escritora y consejera cristiana, a este punto.[1] Ella ideó un "recorrido por la vida" (vea la ilustración) para explicar que "viajamos" por ella con la esperanza de culminar en el centro inerte de la espiral donde en realidad alcanzamos la semejanza de Cristo. (Sígueme en esto. Hay que estudiarlo, pero este conocimiento es en verdad liberador.)

¿Ves esa línea ondulante en la parte inferior del dibujo? Representa nuestra vida antes de conocer a Jesucristo como nuestro amante Salvador y Señor. En el momento en que consagramos nuestra vida a Cristo y aceptamos el pago de su preciosa sangre por nuestra naturaleza pecaminosa, emprendemos el emocionante recorrido para llegar a la semejanza de Cristo. Ese constituye el primer paso hacia la pureza, pues Cristo es puro en todo aspecto. Estoy convencida de que sin Jesús es imposible llevar una vida pura. Conozco jovencitas que tuvieron un pasado desastroso, pero la vida de cada una de ellas vida emana pureza. Y también conozco jovencitas que se consideran muy puras en un sentido teórico, pero cuya vida carece por completo de pureza. La inocencia es tu punto de partida, y es posible que la hayas perdido en cierta medida, ¡pero la pureza es tu meta!

Los personajes que atraviesan la espiral representan los pecados con que luchamos una y otra vez. Nombremos uno de ellos: La lujuria. En el momento de nacer la lujuria estaba latente. Estaba quieta esperando el momento de seducirnos. Una vez que decidimos emprender el camino de una relación íntima con Dios (y con mayor fuerza en caso contrario), asoma su horrible cabeza.

Tres cosas pueden ocurrir al enfrentar la lujuria. Quizá la vences con facilidad con la ayuda de Dios. O tal vez te acosa y fastidia hasta incitarte a pecar, aunque luego logras vencerla. O, quedas atrapada en ella durante mucho, mucho tiempo.

Espero que puedas vencerla y decir "¡vaya! Lo logré". Y que sigas tu recorrido. Sin embargo, un día, observas que reaparece (pues caminas en espiral). No te asusta tanto pues ya la conoces y Dios te ayudó a vencer. Así que le dices "¡de ninguna manera! Ya peleé contra ti. Eres parte del pasado". Allí está, y tú debes continuar.

Esto me ocurrió hace poco. A las 11:00 de la noche, me dejé convencer de que necesitaba ver un famoso programa televisivo, con la excusa de que me servía para la "investigación" de este libro. (El espectáculo trataba una temática sexual.) El programa suscitó en mí deseos, pensamientos y sueños indebidos. Si bien los hombres luchan con la tentación visual, creo que por regla general nosotras somos más propensas a caer en fantasías emocionales. Nos parece que no son sexuales porque no incluyen pensamientos sexuales o contacto físico. Sin embargo, nuestro corazón se concentra en entregarnos a alguien. Eso fue lo que me sucedió aquella noche. Era un lugar peligroso.

En vista de que mi esposo estaba de viaje, me acosté sola y pensé: O me entrego a la fantasía hasta dormirme, ¡o rechazo la lujuria! Entonces murmuré: "Dios, estoy demasiado cansada para luchar con esto. Por favor ¡ayúdame! Ya conozco este monstruo, y aunque no parece ya tan aterrador ni gigante, podría caer con facilidad en su trampa esta noche". Tomé el primer libro que encontré y obligué a mi mente a leer en vez de pensar, y pronto me quedé dormida. Al día siguiente, le confesé lo ocurrido a mi mamá y me sentí contenta por no haber cedido a la lujuria. (¿Observas el orden de ideas? Habla con Dios, cuéntale a una amiga, y toma una salida rápida y estratégica, que en mi caso fue leer un poco de poesía aburrida.)

La buena noticia es que cada monstruo maligno que enfrentamos a diario en nuestro recorrido (como la pequeña lagartija roja de C. S. Lewis) puede transformarse por completo. A medida que tomas decisiones correctas y sigues el camino que Dios te señala, le cuentas a una amiga y tomas una salida rápida y estratégica, ese pequeño monstruo enclenque se convierte en algo maravilloso para Dios. Se convierte en la cualidad que Dios en un principio había determinado poner en ti, y que sufrió daños y alteraciones al entrar el pecado en el mundo... y en nosotras. Si confrontamos la lujuria y tomamos decisiones correctas con la ayuda de Dios, de los amigos, y de una salida rápida y estratégica... ese pequeño monstruo de lujuria se convierte poco a poco en la cualidad divina, plena e inexorable de la pureza.

Sentí un gran alivio la primera vez que alguien me explicó la espiral. Como sabrás, me sentía culpable por luchar una y otra vez con la lujuria. Cada vez era más insignificante y su rugido menos amenazador, pero retornaba. Aprendí que sus reapariciones para tentarme no se debían a mi pecado, sino que resistirla era la oportunidad para avanzar en mi recorrido y acercarme a Dios. La pureza es un proceso. Qué secreto tan liberador...

• No nací pura.
• Enfrentaré el monstruo de la lujuria, tal vez una y otra vez, pero eso no es pecado. Es más bien la oportunidad de desarrollar mi pureza al hablar con Dios, con una amiga, y tomar una salida rápida y estratégica.
• Puedo llegar a ser pura.

Creo que es vital que lo comprendas. Debes entender que tarde o temprano vas a enfrentar a este personaje de la lujuria. Prepárate para hacerlo, y recuerda que resistirlo es lo que te impulsa para avanzar en la vida pura.

Entender que la pureza es un proceso constituye el primer

secreto para una vida pura, pero no es más que conocimiento. Necesitas habilidades prácticas que te permitan llegar allí. Así que prosigue en tu lectura. El siguiente secreto no solo es muy práctico, sino divertido.

Nota

1. Kaye Briscoe King, Journey: *Wolfing into Wholeness: Body, Mind and Spirit* [Mente y espíritu] (Dallas: Kaye Briscoe King, 1994), 67-68.

Secreto 2

$\mathcal{L}a\ pureza$
$sueña\ con\ su\ futuro$

Historia memorable

Milena habla acerca de su lista de deseos
Pensaba que la voluntad de Dios para mí era quedar-
me soltera… no tengo idea por qué. Me fascinó el libro de
Dannah cuando lo leí, pero al llegar al tema de escribir una
"lista de deseos" del hombre de mis sueños, al principio me
resistí: "Dios, ¿cómo puedes pedirme que sueñe en algo que
quizá nunca me des?" Sin embargo, al cabo de luchar y llo-
rar mucho, escribí una lista y la guardé, sin saber si algún
día vería cumplido mi deseo. Dos años más tarde, a los
treinta años de edad, voy a casarme con un hombre mara-
villoso que al principio no parecía "encajar" mucho en la
lista. No obstante, a medida que pude conocerlo primero
como amigo, descubrí que era justo lo que necesitaba.

Milena, Ontario, Canadá

Imaginarnos a un esposo piadoso

En diez minutos, Chad, un estudiante universitario muy guapo, vendría por mí. Aquella noche me había cuidado como si fuera una verdadera princesa. Se tomó el tiempo de explicarme en detalle todos sus planes.

63

Descubrió que me gustaba la comida china y pensaba llevarme a un restaurante chino muy especial. Sin darme cuenta comenzamos a conversar acerca de su trabajo voluntario como consejero en un centro de atención para jovencitas embarazadas, al tiempo que tomábamos una taza de té verde.

"Todas las jovencitas se muestran bastante nerviosas al llegar", dijo. "Sin embargo, primero hacemos la prueba para determinar si en realidad están embarazadas. El retraso en su ciclo menstrual no siempre indica un embarazo. Cada vez que las llamo para anunciarles que el resultado es negativo siento un gran alivio".

¡Vaya! —pensé—. ¿Acaso dijo "ciclo menstrual"? Este hombre es muy sensible y seguro. No tiene miedo. Eso me agrada. Mientras saboreaba mi pollo y maní, me contó más acerca de su llamado al campo de la psicología, según lo sentía.

—Te sientes tan seguro de lo que quieres ser —dije asombrada por la claridad de sus ideas—. Yo ni siquiera estoy segura de la carrera que comencé a estudiar.

—Dale tiempo, Dannah —dijo para animarme—. Todavía te faltan casi tres años. Yo ya casi termino mis estudios. Se supone que a estas alturas ya debería saberlo.

Después de la cena fuimos a otra universidad para ver una película al aire libre. Nos sentamos sobre una manta a la luz de las estrellas junto a cientos de estudiantes universitarios. No había presión alguna para estar cerca. Me hizo sentir cómoda.

—Pensé en algo muy especial como postre —dijo al tiempo que ponía sobre su antebrazo un lado de la manta. En verdad tenía muy buen gusto para darle a todo un toque especial. Es decir, una linda manera de hacerme sentir especial.

Me llevó hasta una pastelería donde conocía a las señoras que allí trabajaban. Podría decir que iba con frecuencia y que ellas lo apreciaban mucho. Después de seleccionar con cuidado nuestros pasteles, me llevó a su apartamento, donde me presentó a sus compañeros y en seguida los despidió a sus habitaciones mientras preparaba chocolate caliente para los dos.

La noche terminó con una taza de chocolate y una conversación también agradable. Al día siguiente me envió una nota de agradecimiento por la espléndida velada.

Aunque fue una de las mejores citas de mi vida, al día siguiente llegué a una clara conclusión.

Escuché la voz de mi madre casi al oído: "Dannah, las citas amorosas no son un juego. No debes jugar con ligereza con el corazón de alguien. Si no piensas casarte con él, no salgas con él. Describe lo que realmente buscas y solo acepta citas amorosas con el hombre que encaja con ese sueño".

El día en que ella me dijo esto, escribí lo que llamé una "lista de deseos". Las palabras que plasmé en aquella hoja color de rosa describían al hombre de mis sueños. Chad encajaba a la perfección en lo espiritual, pues cumplía con mi anhelo de que fuera un hombre con un compromiso profundo con Dios, y un gran deseo de servirlo a través de su profesión. No cabía duda de que era guapo y atlético. (Recuerdo nuestras risitas con mamá al escribir en mi lista que debía "tener lindos rizos". Habíamos dejado este apunte en mi lista porque era un recuerdo de nuestra conversación y porque la apariencia era importante para mí.)

Con todo, Chad no daba la

La lista de él

¿Tu carácter es lo que debería ser? ¿Te muestras tal como eres en presencia de los hombres, o solo quieres aparentar? ¿Has consagrado tiempo para establecer algunas metas y proyectos personales para tu futuro? Antes que nada, ¿él notaría la fortaleza de tu fe tras conocerte solo un poco? ¿Cómo te calificarías si el hombre que te espera soñara contigo en este preciso momento? (Quizá lo esté, ¡quién sabe!)

talla en cuanto a la personalidad. Claro, tenía una gran personalidad, pero se parecía demasiado a mí. Pensaba que necesitaba a alguien que pudiera hacerme reír, pues yo misma
tendía más a la eficiencia y el cumplimiento. Chad era un
hombre eficiente y un día tendría una brillante carrera. Estaba
segura de eso. Ese era su único "defecto".

Con mucha amabilidad rechacé su ofrecimiento para que
saliéramos juntos por segunda vez el sábado siguiente. Pasé
aquella noche en mi habitación con una taza de chocolate ins-
tantáneo pensando en lo afortunada que sería la joven con
quien Chad se casaría.

Vivimos en un mundo de gratificación instantánea.
¿Quieres un bocadillo? Abre el refrigerador. ¿Quieres escri-
birle a un amigo? Abre la pantalla de tu computadora.
¿Quieres broncearte? Usa una cámara de bronceado.

Se ha dicho que uno de los motivos principales que llevan
a los jóvenes a tener sexo es su incapacidad de "visualizar el
futuro". ¿Puedes visualizar tu futuro? Al cerrar los ojos ¿puedes ver al hombre con quien te casarás? Si nada esperas, eso
tendrás. ¿Así quieres alcanzar a tu esposo, con una pizarra en
blanco? ¿O quieres soñar con alguien que sea perfecto para ti,
que complemente tus debilidades y que satisfaga tus esperanzas y anhelos?

Así lo decidí yo.

Y desde el momento en que escribí mi "lista de deseos",
nunca salí con un joven por segunda vez a menos que cum-
pliera con los criterios allí consignados. Cada cual tuvo una
oportunidad de ser medido conforme a mi lista.

Me agradó hacerlo. Eliminó gran parte de las conjeturas
en cuanto a rechazar o aceptar invitaciones, y también impi-
dió que yo lastimara a alguien, o que alguien me hiriera a mí.

¿Y qué de ti? ¿Tienes un sueño? ¿Él es alto, moreno y guapo, o rubio, agreste y robusto? ¿Es un hombre que se inclina a pensar en el trabajo, o es un fiel cumplidor de su horario laboral que mira ansioso el reloj para regresar a casa y estar contigo?

Es hora de establecer el perfil de tu futuro esposo y de crear parámetros a fin de respetarlo a él en las citas amorosas, y no solo a él, sino a cualquier otro hombre.

Escribe tu historia

La lista: Tu sueño

Esta es una de las partes más divertidas del libro. Toma un buen tazón con palomitas de maíz, tu refresco preferido, una pluma, y tu diario. Incluso puedes invitar a una amiga para hacerlo juntas. Puede resultar muy divertido.

Ahora, cierra tus ojos y sueña.

¡Ay, la apariencia!

¿Cómo es su apariencia? Anótalo. ¿Se ve bien? ¿Importa, o no? ¿Tiene cabello largo o corto? ¿Se muestra indiferente con respecto a su apariencia? ¿Luce natural y despreocupado? ¿Te parece más atractivo al fijarte en su corazón que en su apariencia?

Diviértete con este ejercicio. No te refrenes, pero tómalo con calma. Piensa en ser flexible en cuanto a los requisitos que consideras con respecto a su apariencia. Escríbelo. Sueña, amiga mía, ¡sueña!

¡Una gran personalidad!

¿Cómo es su personalidad? Si no estás segura, observa tus relaciones amistosas. ¿Con quiénes funciona mejor la amistad y ha sido duradera? Debes ser cuidadosa en este punto, y pedirles consejo a tus amigos y familiares. Mi mamá me ayudó mucho en esto. Observó que mis mejores amigos eran muy sociables, tenían buen humor, y eran muy activos, mientras que yo era más callada, reservada y seria. De modo que mi esposo quizá debía ser más informal y divertido para equilibrar mi personalidad. (¡Y sin duda lo es!)

En este punto es vital pensar en algunas cualidades de carácter que te parecen indispensables, como ser "honrado", "comprometido" y "trabajador". Aunque puedan parecer obvias, conocerás hombres que no tendrán en su carácter lo que tú consideras indispensable. Incluyo los asuntos del carácter bajo el título de la "gran personalidad" porque pienso que con frecuencia la personalidad se ve afectada o controlada por el carácter, o por la falta del mismo.

Algo que debes tener en cuenta a la hora de usar tu lista es que la personalidad exterior a veces oculta el verdadero carácter de un hombre. En mi "lista de deseos" para él, escribí: "Sincero e íntegro en todo aspecto, hasta el punto de confesar su lado malo. Lo amaré más al conocerlo y sabré a qué atenerme". El carácter de mi esposo es intenso. Su deseo es ser sincero hasta mostrarse susceptible. Se hiere con facilidad si alguien le miente o si supuestos "amigos" lo abandonan.

Él espera que todas las personas sean sinceras e íntegras. Esta faceta de su carácter a veces lo lleva a ocultar y abstraer su personalidad que suele ser jovial y divertida. Pude notarlo solo después de muchos, muchos meses de nuestra relación. Eso prueba que la "medida" más exigente puede ser "una gran personalidad", si en realidad buscas carácter.

Sueña, amiga mía. Sueña. Escribe.

¡Sus sueños!

¿En qué sueña convertirse… qué piensa hacer con su vida? ¿Es compatible con tus sueños personales? (No funcionaría muy bien enamorarse de alguien que quiere ser leñador y vivir en una montaña con diez hijos, mientras tú sueñas con un apartamento en un gran edificio, y un solo niño que juega en tu oficina.)

Sueña.

Su otro amor

Espero que decidas no casarte y ni siquiera salir con

La apariencia _____

_____

_____

_____

_____

Una gran personalidad _____

_____

_____

_____

_____

Sus sueños _____

_____

_____

_____

_____

Su otro amor _____

_____

_____

_____

_____

¿No te parece que una relación con un inconverso es una gran oportunidad para testificar? Sí, lo es.

Una de mis mejores amigas de la secundaria, Bethany Langham, causaba furor en los años juveniles. Era inteligente y sociable, tenía la piel más hermosa y la nariz más fina, y sus ojos brillaban al hablar. ¡Enloquecía a los hombres! Un día por casualidad se la presenté a un amigo mío llamado Doug, que no era cristiano. Doug ansiaba salir con ella y la persiguió con insistencia para invitarla. Doug era guapo, divertido, y a él también lo perseguían las chicas. Sin embargo, Bethany ya había marcado sus límites. Todas las noches él le rogaba que salieran, y su respuesta era una negativa rotunda: "Doug, pienso que eres un gran chico,

alguien que no es cristiano o que no desea vivir para Dios. Mi lista, escrita en noviembre de 1986, está descolorida y raída. Sin embargo, todavía la conservo y la llevo a los retiros que organizo para jovencitas para que puedan leerla. En el punto acerca de "su otro amor", mi lista menciona tres aspectos:

1. Ser cristiano no basta. Debe tener profundidad. Debe crecer y estar dispuesto a no detenerse en su crecimiento.

2. Un líder espiritual. Debe ser alguien que me guíe y también dirija a otros. En cuanto a nosotros, debe guiarme tomando la iniciativa de orar y tener un tiempo devocional juntos. Y en relación con otros, debe guiarlos por medio del servicio (escuela dominical, ministerio con amigos, una vida ejemplar, etcétera).

3. Puntos de vista similares. Debe aceptar y defender lo que considero correcto. Debe tener un bagaje familiar y cultural parecido. (Creo que me gustaría que conociera a Dios desde joven, ¡como yo!)

Para mí era obvio que sería cristiano. Solo quería describirlo de manera más detallada. Con frecuencia escribí al respecto en mi diario.

11–25–87... Ya no me cabe la menor duda... la única razón para casarse es que dos pueden servir a Dios con mayor eficacia que solos. Una medida que asusta... y que yo misma no cumplo. Pocos encuentran esta relación. Pocos la necesitan.

Para mí era tan esencial que mi esposo fuera un verdadero "hombre de Dios". Espero que también lo sea para ti. Eso te ahorrará mucho sufrimiento en el futuro.

Déjame explicarte por qué la norma de salir con alguien que se considere "cristiano" no basta. Conozco a una mujer llamada María. Durante años escuché comentarios acerca de ella dondequiera que iba. Por fin la conocí en una conferencia a la que asistí y en la cual ella participaba. De inmediato comprendí por qué era tan famosa. Era rubia, hermosa, y al hablar fluía con un entusiasmo contagioso. Su estilo para hablar era envidiable, pues tenía la habilidad de hacernos reír y llorar a su antojo. Habló mucho acerca de su matrimonio. En la universidad,

pero debo decirte que no puedo salir con un hombre que no comparta mis creencias acerca de Dios".

Esto suscitaba grandes inquietudes acerca de Dios en este joven. Bethany todavía piensa que era su táctica para sostener conversaciones con ella, pero aprovechó la oportunidad para leerle la Biblia, orar por él, y comunicarle la verdad de Dios. Con todo, Bethany nunca salió con él... ni siquiera una vez. Ella tenía clara la visión del hombre con quien se casaría, el cual debía ser un líder espiritual a quien admirar, y que la animara y protegiera espiritualmente toda su vida. Y esto se cumplió con Jeff Whitcomb, un hombre de Dios alto y corpulento que la adora.

Me pregunto si ella habría alcanzado lo que anhelaba si no se hubiera aferrado a su sueño en cada oportunidad romántica que se presentó.

su esposo era un estudiante reconocido y guapo que la perseguía sin descanso. Le dijo que era cristiano, a pesar de que ella no veía mucho "fruto" que lo corroborara. Con todo, logró atraerla y cautivarla. Al final se casaron.

Hoy día, él confiesa sin reparos que dijo ser cristiano para salir con ella y ante todo acostarse con ella. Su matrimonio está lleno de dolor pues él rechaza a Dios, prefiere satisfacer sus deseos egoístas en vez de amarla y cuidarla, e incluso le sugirió abortar a su cuarto hijo pues representaba un impedimento para él. Aunque ella tenía un testimonio poderoso mediante el cual podía animar a muchos, deseaba con todo su corazón haber prestado atención a la "vocecita" interior (tal vez el Espíritu Santo) que le advirtió que aquel hombre "solo decía" ser cristiano.

Cuídate. Establece una norma alta y estricta en esto. Sé que algunas de ustedes no lo hacen. De acuerdo con una encuesta realizada entre jovencitas que llevan una vida religiosa, algunas de ustedes no tienen problema alguno en salir con alguien que profesa "otra religión".[1]

¿Qué dice Dios? 2 Corintios 6:14 dice: "No os unáis en yugo desigual con los incrédulos;" (RVR-60). Queda claro que es mala idea salir con alguien que no conoce a Dios ni a su Hijo, ya que las citas amorosas en realidad son el primer paso hacia el matrimonio. No debes comprometerte con alguien a menos que tenga tu misma fe. Corres el riesgo de enamorarte de alguien que no te conviene. Déjame hacerte una pregunta: ¿Quieres que el hombre de quien te enamores sea inferior a ti en el aspecto intelectual y espiritual, o más bien una fuente de admiración y aliento para ti toda la vida? Solo depende de ti.

Me complace decir que al final Dios trajo a mi vida el hombre que cumplía con toda mi lista de sueños. Fue en verdad hermoso escribir "tú eres todo eso" sobre la lista y presentársela un día.

Es muy probable que un día encuentres a ese hombre

especial que Dios ha creado solo para ti. Mientras ese día llega, ora por él.

En el ejemplar de julio de 1999 de Enfoque a la familia leí la historia de Dolores Cummins de Lindale, Texas, quien oró por su esposo incluso antes de conocerlo. Ella escribió: "El aire era frío aquella noche de diciembre. Las campanas de la iglesia traían a nuestra memoria la necesidad de orar por hombres atrapados en la Campaña de Ardenas. Yo tenía quince años, pero recuerdo que una voz me dijo: 'Tu futuro esposo está en esa batalla, ¡ora!' Un año después conocí a Roberto. Comenzamos a salir, y luego nos casamos. Para sorpresa mía, él relató su experiencia de cómo quedó postrado boca abajo en un campo de remolachas durante esa batalla. Los alemanes hirieron con bayoneta a casi todos sus compañeros soldados, pero pasaron por encima de él y no lo mataron". Es indudable que Dios usó sus oraciones para protegerlo.

Ahora dedica un momento para comenzar a cultivar el hábito de orar por tu futuro esposo. Ora para que Dios lo proteja en las batallas materiales que enfrenta, y en especial aquellas que son espirituales. Ora para que Dios proteja su mente, su cuerpo, y su alma hasta el día en que lo conozcas.

Adelante. Consagra ahora mismo un momento para orar por él.

Si la historia que Dios escribe con tu vida amorosa se parece en algo a la mía, encontrar a ese hombre (o esperar a que Dios lo traiga a tu vida) será difícil, pero no tanto como lo que viene en seguida. Fue después de conocer a mi futuro esposo que resultó arduo practicar todos los demás secretos. No obstante, vale la pena aprenderlos, pues no solo me permitieron vivir en pureza, sino que en él avivaron su deseo de buscarme.

Nota

1. Eugene C. Roehlkepartain, ed., *The Youth Ministry Resource Book* [El libro de referencia del ministerio juvenil] (Loveland, Colo.: Group, 1988), 44.

8

Secreto 3

La pureza se rige por su valor

Historia memorable

Tania habla acerca de descubrir su valor

Y la novia se vistió de blanco *me tocó profundamente. Soy una joven que se recupera de la anorexia y sigue en la lucha contra la depresión. Nunca he tenido relaciones sexuales, pero cometí errores de los cuales me arrepiento. Cuando estaba en el hospital y pesaba treinta y dos kilos, decidí que solo me enamoraría de Cristo hasta que Él determinara algo diferente. Creo que esa decisión operó un cambio positivo en mí. Volví a consagrar mi vida a Cristo, me bauticé y me uní a la iglesia. El libro acerca de la "novia" fue una revelación para mí. ¡Quiero ser el mejor ejemplo posible!*

Tania, Pennsylvania

Parte A:
Descubrir tu valor a los ojos de Dios

Y deseará el rey tu hermosura; E inclínate a él, porque él es tu señor... Toda gloriosa es la hija del rey en su morada; De brocado de oro es su vestido. Con vestidos bordados será llevada al rey (Sal. 45:11, 13-14, RVR-60)

*L*a pila de libros y tratados sobre mi escritorio parecía el monte Everest, así que decidí actuar como una estudiante universitaria responsable aquel sábado en la noche. Eso fue hace tres horas, tras advertir que una noche de sábado podía parecer tan larga. Me senté en un inmenso dormitorio que por lo general estaba repleto de unas doscientas jovencitas universitarias que conversaban. Tratar de concentrarme en mi trabajo acerca de la comunicación empresarial solo tornaba el silencio más ensordecedor. Necesitaba a una amiga.

Intenté comunicarme con Kimberly. Su compañera de habitación respondió. —Lo siento, Dannah —dijo con cierta percepción de mis sentimientos—. Salió esta noche con Jake. Creo que obtuvo un permiso prolongado, así que tal vez solo regrese hasta después de la media noche. Busqué en mi directorio de teléfonos de la universidad. Alguien conocido debía estar por ahí. Me detuve en la letra G. "¡Bob Gresh!" —exclamé—. "Debe estar en casa".

Se rumoraba que él y sus amigos eran indecisos sin remedio. Pasaban tanto tiempo hablando de algo, que casi nunca lograban decidirse a hacerlo antes de que fuera demasiado tarde. Marqué el número de la habitación de Bob con la esperanza de que esa noche todos sus compañeros hubieran decidido reunirse allí.

—¡Eh! ¿Qué hay de nuevo? —contestó la voz conocida y original.

—¡Hola, Bob! Soy yo, Dannah —dije—. Estoy sola, sin amigos, y aburrida. Necesito un amigo con quién hablar, y no hay muchos por estos lados un sábado en la noche.

Había conocido a Bob hacía nueve meses en la clase de composición avanzada de la señora Harner. Era un amigo divertido. Me agradaba porque era el payaso de la clase, aunque después de pertenecer a su mismo grupo de redacción pude notar su lado serio. No solo era divertido y sociable. Sus escritos mostraban que era un hombre de carácter y convicción. Tenía una visión clara y era perseverante. Era emotivo y tierno. Tenía una pasión total por Dios. En realidad sentía respeto por él.

—¿Cuándo admitirás que vas a casarte conmigo? —preguntó.

—Siempre dices eso, tonto —me reí. Lo era, pero ninguno pensaba que fuera en serio. Siempre decía cualquier ocurrencia para suscitar una buena carcajada.

—Ya voy para allá —dijo.

—¿Qué? —respondí.

—Tenemos una cita —me informó.

Una hora más tarde estábamos sentados en el banco de un parque, saboreábamos el último bizcocho y compartíamos un helado. Nos reímos al pensar en la clase de composición. Vimos las fotografías de nuestras familias. Él hizo chistes. Yo me reí. Hablamos acerca de nuestros sueños.

—Es fácil salir contigo —dijo, al tiempo que tiraba la basura de nuestra merienda, como si la conversación se tornara demasiado seria para él—.

¿Vaso desechable, taza de cerámica, o invaluable tacita de té?

Llena este pequeño interrogatorio. Anota en cada categoría si eres un tazón de plástico, una taza de cerámica, o una invaluable tacita de té. Llena la casilla con la letra que corresponde (V=vaso desechable, C=taza de cerámica, T=tacita de té).

☐ Por mi manera de vestir

☐ Por las películas que veo

☐ Por los programas de televisión que veo

☐ Por lo que veo en la internet

☐ Por mi manera de hablar con las chicas acerca de los hombres

☐ Por los lugares que frecuento en mis citas amorosas

☐ Por lo que permito en las citas amorosas

☐ Por mi conversación durante las citas amorosas

☐ Por la cantidad de tiempo que me toma entregarle a un hombre mi corazón

☐ Por la manera como trato a mis amigos cada vez que salgo con alguien

☐ Por el tiempo que paso con Dios para hablarle específicamente acerca de los hombres

No lo digo en sentido negativo, solo que es fácil complacerte.

—Esto no es una cita —dije con firmeza y sonriendo ante
su evidente incomodidad al pensar que tal vez me había ofendido.

Él se acercó y me besó. Fue maravilloso y dulce, pero muy
extraño.

—¿Ahora sí te parece una cita, Dannah Barker? —preguntó con una mirada decidida.

¿Cómo te fue? Recuerda esa impresión. Retomaremos ese
punto más adelante.

Desearía que estuvieras aquí conmigo. Te consentiría
hasta el cansancio. Tomaría un poco de mi loción favorita,
quizá la de olor a durazno o pera, y te daría un espléndido
masaje hasta los codos. Luego te llevaría hasta mi salón donde
he preparado una mesa con seda y encajes. Costosas y finas
tazas nos esperarían con nuestro té preferido a la temperatura perfecta. Tendría listas unas galletas deliciosas en un recipiente de cristal próximo a tu mesa.

Cierra los ojos y ven conmigo.

Frota tus manos y relájate.

Escucha la suave música de fondo.

Imagínate la hermosa taza que llevas a tus labios.

Saborea la deliciosa galleta, cubierta con la cantidad perfecta de chocolate. ¡Mmmmmm! Esto es grandioso. Me siento mimada. ¿Y tú?

¡Despierta! No te ofrecí más que una despreciable bolsa
de hojas muertas con un poco de agua. ¡Eso es! (Está bien, las
galletas eran finas y un poco costosas.) Sin embargo, no fue lo
que te di lo que te hizo sentir especial. Fue la manera como te
lo ofrecí. Los encajes, la seda y las finas tacitas chinas le die

ron valor al regalo. La forma como lo presenté todo, fue lo que te hizo sentir valiosa.

En otras palabras, pude haber buscado una de las máquinas dispensadoras que están afuera, cerca de mi oficina, insertado algunas monedas, y traído un vaso de plástico lleno de hojas de té y agua caliente. No habría recuerdos especiales. Te di algo "desechable".

También pude haberte llevado a la cafetería más cercana y ordenado una taza de té caliente, y quizás una rosquilla para acompañarlo. Eso estaría bien, pero si la taza se rompe o nunca volvemos a ese sitio, no importará mucho. La taza no era apreciada ni tenía un valor especial.

Por el contrario, piensa en la fina vajilla china, los encajes y las galletitas de chocolate, y entonces tenemos un recuerdo que perdurará. Tú y yo nos sentiríamos mal si una de esas preciosas tazas se rompiera. Son posesiones que guardamos como un tesoro.

Permíteme hacerte una pregunta. ¿En tus relaciones sentimentales eres un vaso de plástico "desechable", una taza común que puede reemplazarse con facilidad, o una tacita de té invaluable y costosa? Todo depende de la manera como se presenta.

Últimamente he escuchado en numerosas ocasiones el dicho: "Toda gran historia de amor termina en tragedia". Claro que puedes señalar de inmediato la historia de Romeo y Julieta como un primer ejemplo. Pero soy una mujer romántica sin remedio y rehúso creer tal cosa, así que me tomé la molestia de probar que no todas las grandes historias de amor terminan en tragedia. ¡Y encontré algunas!

> *Mujercitas* relata tres historias de amor grandiosas con un final feliz. (Incluso la historia de Jo y Laurie termina bien, pues no hicieron algo de qué lamentarse.) Puedes leer la versión clásica de Louisa May Alcott y ver en detalle este gran relato, o alquilar la versión en vídeo con la actriz Winona Ryder para un vistazo más rápi-

do aunque no menos emocionante de las historias de amor de los personajes.

Sensatez y sentimientos es la fabulosa historia de amor de dos hermanas y el futuro esposo de cada una de ellas, que también tiene un final feliz. En este caso también puedes leer el clásico de Jane Austen si eres una buena lectora, o alquilar el vídeo cuya protagonista es Emma Thompson. Ambos son magníficos.

Pasión y pureza es un libro maravilloso que relata la historia de amor entre Jim y Elisabeth Elliot. También fue mi "manual" de pureza sexual durante los años universitarios. Asegúrate de conseguir un ejemplar de este libro.

La conclusión a la que he llegado después de leer estas y otras historias de amor, es que las grandes historias de amor no terminan en tragedia. Sin embargo, hay una llama de dolor que alimenta toda gran historia de amor. El dolor se presenta en alguna de las siguientes formas.

El estallido y el incendio

Primero, tienes la opción de tener una relación que semeja un camino fácil de momentos de éxtasis. El problema radica en que la relación podría terminar en un incendio de dolor. En este tipo de historias de amor las protagonistas suelen ser mujeres que son vasos de plástico, y en ocasiones, tazas de cerámica. Romeo y Julieta son un buen ejemplo. Julieta entregó su corazón sin reservas e ignoró toda amonestación a fin de estar con Romeo. Se rebela contra sus padres, se encuentra con él a escondidas, y toma decisiones fáciles que comprometen su corazón para disfrutar momentos secretos de emoción con él. Al final, ambos cometen suicidio en vista de que su relación no recibía aprobación. Me agrada la historia, pero no quisiera en absoluto que fuera la mía. ¿Dónde queda el ocaso? ¿Qué pasó con la frase "…y vivieron felices para siempre?" (¿Dónde está el latido del corazón?)

Creo que las jovencitas a quienes he conocido y que han elegido tomar este camino fácil que compromete el corazón de cada una de ellas no tiene un sentido propio de valía. Con afán procuran atraer la atención de los hombres sobre ellas, y a cualquier precio. Lo triste es que con frecuencia las desechan al final de la relación, pues los hombres observan que ellas no tienen respeto ni se valoran a sí mismas. Espero que no tomes esta vía del estallido y el incendio.

El fuego lento y puro

También puedes disfrutar del ocaso de una historia de amor en tu vida, pero eso significa elegir el sufrimiento que produce la segunda elección, que es el fuego lento y puro. En este caso, es tu propio autocontrol lo que causa dolor, y que en realidad se siente como una negación a ti misma. Al guardar tu corazón y tu cuerpo, es evidente que experimentarás cierto dolor. Es mucho más fácil tirar por la borda las advertencias y dejar que se enrede el corazón y el cuerpo en el placer momentáneo. Por el contrario, si tu historia de amor se mueve al principio por el dolor que causan las decisiones sabias e inteligentes, puede terminar en un final feliz y extático. ¿Y qué sucede si la relación termina? No tendrás de qué lamentarte, pues guardaste tu corazón y tu cuerpo. (Y aún te quedan muchas y hermosas páginas en blanco sobre las cuales puedes escribir tu historia. ¡Una relación que se rompe no es el fin!)

Sensatez y sentimientos ofrece una excelente descripción de este tipo de historia amorosa, pero lo que resulta magistral en esta obra clásica es que se entrelaza con otra que es trágica. Elinor es la hermana mayor que se enamora locamente de Edgard, un hombre rico, guapo y de buen corazón. En su relación, ella se conduce con la mayor cautela. No revela lo que hay en su corazón. Por desdicha, antes de conocerla, Edward se había comprometido en secreto con otra mujer. Por ser un hombre honorable, supo que no debía deshonrar a

Pure Freedom [Libertad pura]

¿Como aquello que lees en este momento? Te fascinará aún más experimentarlo en directo en una de nuestras conferencias de **Pure Freedom [Libertad pura]**. No es cualquier evento juvenil. Lo notarás cuando amarren a un joven de tu grupo a un tubo en la pared, o elijan a una de las jovencitas del auditorio para subirse a la pasarela en nuestro desfile de modas. (Eh, no te preocupes. Hombres y mujeres están separados excepto durante los grandes eventos ¡donde también organizamos maratones estudiantiles de adoración!) ¡Está atenta! Para conocer la programación de nuestros eventos visita nuestro sitio www.purefreedom.org.

la mujer que ya no era dueña de su corazón. (Sé que suena absurdo, pero esta obra se escribió en otra época. ¡Sigue la trama conmigo!) Elinor es cuidadosa al permitirle mostrarse honorable sin manipular su corazón, y permanece en libertad y dignidad.

Por otro lado, su hermana Marianne se enamora de Willoughby y lo divulga sin reservas, anda con él todos los días en su carruaje y le envía una cantidad desmedida de cartas sin respuesta. De un momento a otro, Willoughby se casa con otra mujer por su dinero y deja a Marianne en la desgracia de haber perdido su amor, sin hablar de su honra.

Entretanto, Elinor recibe una llamada de Edward, a quien ella consideraba ya casado, pero quien había logrado liberarse de su compromiso con gran decoro. Viene para pedir de rodillas su mano en matrimonio. Los acompaña un carruaje de bodas, pétalos de rosas y caballos blancos, en un dichoso final.

Me encanta el Salmo 45. Se escribió como un canto nupcial y tal vez se interpretó en muchas bodas judías en la época del rey David. También constituye una figura maravillosa de lo que Dios ve en ti y en mí... la novia de Cristo. Él nos ve como una princesa. Tú eres una princesa. Una princesa goza del favor de ser esperada y adornada con vestiduras preciosas. Pienso en ella como una mujer serena y satisfecha con lo que es en la actualidad, consciente de su identidad como princesa, y de que un día se casará con un maravilloso príncipe.

Está bien, admito que a veces te sientes más como una rana que como una princesa, pero no son más que sentimientos pasajeros. Cuando estaba en la escuela secundaria, nunca me miraba en un espejo. Me maquillaba sin mirarme. (¡Cuántas manchas ridículas debieron resultar!) En verdad me sentía como una rana.

En algún momento de mis años universitarios, decidí que Dios había hecho una buena obra en mí, y me resultó mucho más fácil creer en mi valía porque había comenzado a sentirla. No era solo con respecto a mi apariencia, sino que comencé a aceptarla como parte de lo que Dios valoraba en mí. Se trataba más bien de saturar mi vida con la verdad de Dios. A medida que me llenaba de su presencia, comencé a sentir el valor que Él me concedía.

Eso es. Dios dice que tú eres una princesa. Él está cautivado por tu hermosura. ¿Lo crees? ¿Piensas que tu Creador es mejor juez de tu valor que los sentimientos que provienen de las hormonas, las malas amistades y las muchas ocupaciones?

Eres una princesa. Tu conducta y las decisiones que tomas deben regirse por ese valor, si anhelas el ocaso final en tu historia de amor. Debes presentarte como una porcelana invaluable. ¿Qué elecciones harás para escribir esa gran historia de amor? ¿Serán decisiones regidas por tu corazón y tus sentimientos, que pueden llevarte a un terrible dolor y humillación? ¿Te presentarás como un vaso "desechable" o una taza de cerámica común? ¿O tomarás decisiones regidas por tu cabeza y por el conocimiento de que Dios te valora como una princesa? ¿Harás que te valoren como una preciosa taza de porcelana?

A veces, tomar decisiones con base en tu valor puede resultar muy doloroso al principio, pero te dan la posibilidad de llegar a un final feliz, y de nunca hacer algo que puedas lamentar.

Escribe tu historia

¿Qué buscas en la vida? ¿Un estallido y un incendio? ¿Un fuego puro y lento? Toma tu diario y comienza a escribir: "Según mi propio examen acerca de mi valor, voy hacia un estallido y un incendio, o hacia un fuego puro y lento. Lo que debo cambiar es…, o debo cambiar porque…".

9

Secreto 3

La pureza se rige por su valor

Historia memorable

Samara Strauss Cone habla acerca de permanecer "visible y vertical"
Después de volver a consagrar mi vida a Cristo, me comprometí a permanecer pura hasta el matrimonio y buscar todo el consejo cristiano que pudiera obtener. Aunque me pareció que Y la novia se vistió de blanco *se dirigía a lectoras más jóvenes, el título me llamó la atención y lo compré. ¡La idea más importante que siempre recordaré es la de "permanecer visible y vertical"! Parece un concepto muy simple, pero si hubiera escuchado esas palabras cuando era más joven, y las hubiera guardado en mi corazón, ¡me habría librado de muchos dolores! Al fin rendí mis deseos en el altar de Dios y confié en que conocía mi razón mejor que nadie. Después de dos días de haber hecho este compromiso, Dios trajo a mi vida a mi príncipe, ¡y resulta que es el hermano mayor de mi compañera de oración! Me complace decir que ahora estoy casada con mi "Booz".*

Samara Strauss Cone, Florida

Parte B:
Demostrar tu valor a los ojos de los demás

ste capítulo es para chicas valientes y osadas. Habla acerca de respetar la gran debilidad que Dios ha puesto en los hombres. Él puso en ellos el deseo por el cuerpo femenino. Eso no significa que las mujeres no sientan un deseo similar por el cuerpo masculino, sino que por lo general es más intenso en ellos. Un estudio de la Universidad de Chicago acerca del sexo, determinó que el cincuenta y cuatro por ciento de los hombres pensaban en sexo a diario, una cifra que inspiró al humorista Dave Barry a concluir: "El otro cuarenta y seis por ciento miente. La ciencia ha comprobado que todos los hombres piensan en sexo por lo menos todo el tiempo".[1] (¡Ja!).

He leído muchos estudios relacionados y varían en cierta medida, pero todos coinciden en algo. Los hombres piensan mucho en sexo.

En su libro que fue éxito de librería, Le dije adiós a las citas amorosas, Joshua Harris dice que su pastor le formuló una vez al grupo de jóvenes la siguiente pregunta: "¿Hasta dónde has llegado?" Para responderla, usaron una escala numérica. Después de la reunión, Joshua escuchó sin querer a algunos de los jóvenes que alardeaban de lo "alto" que habían "puntuado" y mencionaban los nombres de las jovencitas del grupo juvenil con quienes habían alcanzado cierto "puntaje".[2] ¡Qué asco!

No pretendo dar una impresión desagradable con esto, pero en ocasiones las jovencitas son demasiado ingenuas o niegan los evidentes deseos sexuales que Dios puso en los hombres. No quiero decir que tú no experimentes deseos similares o que una jovencita jamás tome la iniciativa. Sin embargo, por regla general los hombres son más arrojados en materia de sexo. A veces el comportamiento de una jovencita, su manera de vestir y lo que permite en una cita amorosa se convierten en detonantes que pueden llevar a una relación a arder en fuego y sucumbir de manera trágica. Ese no era el tipo de historia que yo quería escribir con mi vida. Espero que tampoco sea lo que tú escribas con la tuya.

Puesto que eres una princesa, ¡debes asegurarte de portarte como tal! A continuación presento los tres aspectos en los cuales las jovencitas olvidan mostrarse como princesas valiosas e inestimables.

El armario real

Aretes en el ombligo. Minifaldas. Faldas cortas. Pantalones con el talle en las caderas. La moda de hoy les

Me interesa tanto el tema del decoro que escribí un libro entero acerca de él. Habla sobre la ciencia de nuestros ojos y la mente masculina. Creo que te mostrará una perspectiva completamente nueva. Adquiere un ejemplar en tu librería cristiana o sitio de la Internet preferido.

grita sexo a los jóvenes que luchan por llevar una vida pura. Ya que el vestuario no afecta a las jovencitas ni a las mujeres de la misma forma, insistimos en vestirnos a la última moda. Tal vez te resulte un poco difícil ser objetiva en esto, como a mí, ya que las tendencias de la moda nos bombardean a diario. Así que busquemos ser más objetivas con un vistazo a otra época.

Mujercitas fue escrito cuando estaba de moda subir el busto femenino hasta el escote. En el libro, la hermosa (y por lo general modesta) Meg March asistió a la fiesta "de presentación en sociedad" de Annie Moffat. Las otras jovencitas que asistieron lograron convencerla de dejarse vestir por ellas, con un corsé y un gran escote. Meg se frotó los ojos al verse al espejo y decidió que no permitiría que su vestuario afectara su personalidad, si bien la afectó en gran manera.

Más tarde, Meg confesó que su manera de vestir la había

Joshua Harris acerca de estilo y decoro

Dannah: Si todas mis lectoras estuvieran aquí en este momento, ¿qué les dirías acerca de su manera de vestir?

Joshua: He hablado al respecto en público. Siempre es un tema difícil de tratar, pues al observar la manera de vestir de las jovencitas cristianas pienso que ofendería a muchas. Tienen que verlo así, pues con facilidad podemos tomar el asunto en nuestras manos y decir: "Dios, no creo que tú sepas lo que haces. O pienso que vas demasiado lento". En ese caso, tu forma de vestir demuestra tu falta de confianza en Dios. Shannon, mi esposa, habla mucho acerca de esto. Ella sabe que las jovencitas enfrentan la tentación de tomar la falda más corta del armario porque saben que atraerán la atención de los jóvenes. Sin embargo, las chicas tienen una responsabilidad hacia sus hermanos en Cristo en cuanto a guardar su pureza. Ellas tienen una responsabilidad

llevado a comportarse mal.

En la versión de cine de *Mujercitas*, la madre de Meg hizo una reflexión objetiva: "Si sientes que tu valor radica en ser un simple adorno, temo que un día creerás que eres eso y nada más".

En tus citas y en la vida diaria ¿quieres ser un simple adorno, algo que tarde o temprano pasará?

¿Me permites sugerir un examen para tu armario? Al elegir tu vestuario te preguntas "¿me siento sexy?" No me refiero a sentirse bien o atractiva. Me refiero a sentirse seductora. ¡Sabes a lo que me refiero! Si no lo sabes, quizás estés bien. Pero si lo sabes, entonces tu armario podría incluir prendas que deberías desechar. Si te sientes seductora, tal vez lo seas, y eso puede resultar muy peligroso en una cita. Cambiará tu comportamiento, y las expectativas del joven con quien sales. Sé cuidadosa a la hora de escoger lo que pondrás en tu armario real.

El reino de la princesa

De modo que ya estás vestida y lista para salir. ¿A qué

lugar debes ir? Una princesa debería siempre permanecer en los límites de su propio reino, donde está segura bajo la mirada vigilante de su pueblo. Un amigo mío llamado Mark reconocía su debilidad de arder en deseo físico cada vez que tenía una cita. Incluso poco después de cumplir veinte años, buscaba que sus citas amorosas se rigieran por principios muy rigurosos. Luego, al enamorarse de Ana, le pidió a su padre permiso para "cortejarla". Sus citas tuvieron lugar en el sofá de la sala de sus padres bajo miradas atentas y amorosas. Se besaron por primera vez en el altar del Señor Jesucristo al intercambiar los votos de amor por el resto de la vida de cada uno de ellos. ¡Vaya! ¿No te parece tremendo?

Gracias a mi experiencia en los retiros acerca de la pureza, las jovencitas me han hecho dos comentarios acerca del lugar que escogerían para una cita. Primero, me dicen que nada bueno ocurre cuando están a solas con los chicos. Su conclusión es siempre la misma: Si en realidad te preocupas por guardar tu inocen-

con el chico. Tu manera de vestir afecta mucho la opinión que un chico tiene de ti y la medida con que guardará su corazón. No te imaginas cuán difícil es para un chico mirarte con pureza en su corazón cuando te vistes sin decoro. Pienso que muchas de ustedes son ingenuas. No comprenden cómo funciona un hombre… sea cristiano o no. Ignoran que somos estimulados por la vista. A ti solo te preocupa verte bien. Sin embargo, te arriesgas a defraudar a tu hermano en la fe si optas por una forma de vestir indecorosa. Si tan solo pudieras ver todos los pensamientos que provocan en los chicos las jovencitas que se visten así. En ocasiones me han buscado chicas después de hablar acerca del tema para decirme: "Ya mis padres me han hablado de eso… pero escuchar a un hombre hablar del tema lo hace ver completamente diferente". Más adelante me escriben cartas para comentar: "Busqué en mi armario y saqué esa ropa". ¡Es grandioso!

cia y llevar una vida pura, jamás irás a un apartamento, casa o cualquier otro sitio donde estén completamente solos. Entonces ¿qué tanto te preocupa? ¿Eres tan seria como para que tu relación permanezca visible?

Una de las citas más inolvidables que tuve con el hombre que es ahora mi esposo tuvo lugar en la lavandería.

1~20~87 ¡Hoy lavamos juntos la ropa!

10~24~87 Un día especial con mi hombre. Inolvidable… ¡reír en la lavandería!

Un lugar tan inusitado como una lavandería puede ser el sitio donde florece el amor. (Observa que no solo lo ayudé a lavar su ropa. Trabajamos en equipo.) De todos modos, el hecho es que podíamos ser vigilados por "nuestro público", y sin embargo, disfrutar de nuestro pequeño mundo mientras las máquinas lavadoras y secadoras silenciaban las voces de los demás. Si quieres pasar tiempo para conocer a tu chico, elige un lugar donde tu público pueda vigilarte mientras hablan.

La segunda observación que hacen las chicas que asisten a mis retiros es que nada bueno pasa en una postura horizontal. Incluso si están rodeados por otros amigos que descansan y juegan juntos, coinciden en afirmar que acostarse es cruzar una línea peligrosa. Es una postura muy simbólica en lo que a bajar la guardia se refiere. No lo hagas. ¡Quédate vertical!

Una princesa siempre debe estar donde puedan verla, y debe permanecer vertical.

La conducta de la princesa

Quizá ya tienes una idea de con quién vas a salir, cómo te vestirás, y a dónde irás. Ahora ¿cómo te conducirás?

En mi primera relación amorosa a la edad de quince años, hice lo que tantas veces observé que hacían las otras chicas a quienes admiraba… abría mi corazón con absoluta facilidad y lo exponía por completo. Más adelante escribí:

11-7-86... *"Cuida de tus pensamientos, pueden convertirse en acciones"... "el amor siempre perdura si lo conservas puro".*

Estas dos expresiones que escuché en los últimos dos días cobraron verdadero sentido para mí. Es muy fácil caer en situaciones indebidas si no elaboras de antemano un plan directo de defensa. Créeme. Lo sé. Abrir tu corazón con facilidad y mostrar una conducta imprudente es mala idea. Te expone a profundas heridas, y para ser franca, ¡los hombres no te buscarán si eres una mujer fácil! Ellos son competitivos y tienen una necesidad insaciable de alcanzar lo que piensan que deben ganarse con esfuerzo. Jill es una jovencita que cursa el primer año de universidad y sale con un joven mayor llamado Jonatan. En esa relación ella descubrió sin reservas sus sentimientos. Le dijo a él (y él a ella) que algún día se casarían. Hablaron acerca de familia, sueños, carreras, casas, y todo lo imaginable. Por creer que iban a terminar casados, tuvieron muchos problemas para mantener la pureza de su relación. Pienso que solo pueden lograrlo con el gran amor que tienen por el Señor y el uno por el otro. Con todo, en este momento Jonatan apenas se interesa por ella, y la relación está en "receso". Él se interesa más por su banda, sus amigos y su futuro. ¿Por qué habría de comportarse de otra manera? Él ya la tiene en el punto exacto donde quería tenerla. Ella está acongojada y le cuesta mucho despertarse en la mañana.

La joven experimenta parte del dolor que causa el hecho de tomar decisiones del tipo "estallido e incendio", en lo que a su comportamiento se refiere. Ella está tan comprometida con él como si estuvieran casados, y se siente insatisfecha. Al agotar la relación con tanta rapidez, descubrió en algún momento que se había quedado con las manos vacías. Olvidó que era soltera. Olvidó que en esta "etapa" de su vida solo se pertenecía a sí misma y al Señor.

Joshua Harris dijo: "Dios nos da la soltería, que es una etapa sin igual de nuestra vida en sus infinitas posibilidades para crecer, aprender y servir. Nosotros, en cambio, la vemos como la oportunidad de enredarnos en buscar y mantener novios y novias. Con todo, la verdadera belleza de la soltería se nos escapa por perseguir el romance con cuantas personas se nos ocurre. Encontramos la verdadera belleza al usar nuestra libertad para servir a Dios sin reservas".[3]

Amiga mía, examinar a fondo tu armario real y permanecer bajo la mirada pública resulta de lo más fácil por la claridad en su definición. Tomar la determinación de permanecer soltera en tu mente y en tu corazón hasta que haya un anillo en tu mano, es un asunto mucho más complejo. Esto demanda refrenar tu corazón por un tiempo, pero te aseguro que durante la espera experimentarás un dolor saludable y creciente, contrario al sufrimiento destructivo que viene por entregar tu corazón con premura y verlo después hecho pedazos.

> *"La relación más valiosa en la vida de un hombre se rige por principios mucho más estrictos que cualquier relación casual".[4]*
>
> Elisabeth Elliot,
> *Pasión y pureza*

Observa por un momento las historias de las mujeres de la Biblia. Las que brillan y sobresalen son por lo general las que refrenaron su corazón a fin de tomar decisiones sabias e inteligentes en cuanto a sus relaciones. Miremos a Ruth… ¿cómo se llamaba su cuñada? Bueno, ambas estaban aferradas a su suegra, sin esperanza de encontrar de nuevo el amor. La suegra les dio libertad para dar rienda suelta al deseo del corazón de cada una de ellas y alejarse. Ruth permaneció, mientras que su cuñada se fue. Ruth sabía que lo correcto era quedarse con su suegra, lo cual no era agradable. ¿Y sabes qué? Al final, Dios estableció un amor hermoso y fuerte entre ella y Booz, quienes llegaron a ser los bisabuelos del gran rey David. Debido a que Ruth se rigió por su valor y no expuso su corazón, tuvo un papel protagónico en el linaje de David (y de Jesús). ¡Vaya! (me pregunto qué sucedió con su cuñada… ¿dónde quedó?) Qué maravillosa historia de amor, mucho mejor que si la hubiera escrito por olvidar su valor y dejar que su vida se rigiera por los deseos del corazón.

Escribe tu historia

Bien. Ahora, ¡a trabajar! Me gustaría proponerte tres tareas. Entra en tu armario o siéntate cerca de él, con tu diario en mano. Examina tus prendas y saca lo que no corresponde.

Ahora, cuéntale a Dios lo bien que se siente. Mientras escribes, apunta algunas ideas acerca de lugares adonde puedes ir para una cita, ¡lugares que te permitan quedar visible!

Para terminar, háblale a Dios acerca de tu corazón. Escribe los nombres de personas a quienes lo entregaste, y pídele a Dios que lo restaure. Confía en que Él escribirá una historia de amor como jamás la imaginaste. Toma la decisión de regirte por tu valor, no por lo que dicta tu corazón.

Después de la primera "cita" que tuve con Bob, supe que debía regirme por mi valor. Podría decir que él cumplía con mi lista y que me interesaba salir con él en una próxima ocasión y "en serio". Sin embargo, lo habría echado todo a perder. Fui yo quien lo llamó... ¿parece muy desesperado? Le permití besarme en nuestra primera cita... ¿suena muy fácil? Tomé la determinación de comportarme de tal forma que en realidad reflejara mi valor. Eso pudo significar menos momentos emotivos, pero encerraba la promesa de un final dichoso.

La siguiente ocasión en que me encontré con Bob advertí mi pobre comienzo. Tenía la lista y estaba dispuesta a permitir que mi valor a los ojos de Dios rigiera mi conducta. Él pasó en su pequeño auto deportivo blanco, devolviéndose al verme. Yo caminaba en dirección opuesta hacia el edificio de mi dormitorio.

—Oye, Dannah Barker, ven aquí —dijo. Mi corazón saltó

y cada músculo de mi cuerpo anhelaba volverse y saltar en ese auto, como tantas veces había hecho en las últimas semanas.

—¿Por qué? —dije para probarlo.

—Porque me adoras —declaró.

—Ah, ¿sí? —sonreí, y luego me volví para seguir mi camino.

—Dannah Barker, regresa aquí —me llamó al tiempo que yo proseguía tranquila mi camino.

—¡Atrápame! —dije desafiándolo, y entré confiada en el edificio de mi dormitorio.

La línea

Si en verdad "te riges por tu valor", nunca enfrentarás una situación comprometedora. Por desdicha, sé que a algunas de ustedes les ocurrirá, de todos modos. ¿Estás lista para detener el proceso? Veamos juntas los "Pasos hacia la intimidad física".

1. Traza una decidida línea negra justo encima del paso en el cual detendrás cualquier tipo de contacto físico. Establecer de antemano el punto en el cual te detendrás te ayudará a manejar la tentación que surja. Activará una alarma mental para ti. (Recuerda, Dios nos diseñó para desear de manera natural avanzar al siguiente paso. No es fácil detener el curso del deseo. Aunque suene anticuado, ¡opta por la modestia a la hora de trazar esa línea!)

2. Ahora, dedica tiempo para meditar en oración… ¿A Dios le agradan las acciones que están por debajo de la línea? Si tienes alguna duda, regresa al número uno y reconsidera tu elección. Recuerda que Dios no desea siquiera una "pizca" de inmoralidad sexual en tu vida.

3. Por último, permíteme sugerir la conveniencia de trazar la línea en un nivel inferior de actividad física durante el período anterior al compromiso. Por ejemplo, supongamos que trazaste la línea sobre el número cinco. Decidiste que esa línea te indicará que debes detenerte tan pronto los besos suaves comiencen a

Pasos hacia la intimidad física

Rígete por tu valor. La manera como te muestras merece sumo cuidado, el mismo que requiere una invaluable tacita de porcelana. Dedica un momento a trazar una línea infranqueable y decidida, con ayuda de las sugerencias que presento en la página siguiente.

9 Coito

8 Desnudez "experimental"

7 Fuertes caricias con ropa

6 Besos apasionados, con la boca abierta. Esto despierta un nuevo deseo.

5 Besos en la mejilla o suaves besos en los labios. Estos son expresiones tiernas e inocentes de afecto.

4 Manos sobre los hombros y la cintura. Señal inequívoca de romance.

3 Tomar de la mano. Es un gesto lindo de afecto. Evidencia que se gustan. La relación crece.

2 Hablar con un chico. Recuerda "estar al día" para tener conversaciones interesantes y agradables.

1 Mirar a un chico y hacer contacto visual.

¡Un buen indicio de que le interesas es su sonrisa y su mirada, nena!

volverse más apasionados. Mi anhelo para ti es que
bajo ninguna circunstancia traspases esa línea cuando
te comprometas. Eso puede ser difícil. Tu cuerpo y tu
mente te dicen que estás a punto de lograrlo, y la tentación podría cegarte. (Claro, ya casi venciste. No lo
eches a perder.) No digo que tengas que hacerlo, pero
¿no sería hermoso reservar esa intimidad especial para
después del compromiso? Esfuérzate. Traza una línea
punteada en un nivel inferior y toma la determinación
de no traspasarla antes del compromiso matrimonial.

¿Qué decisiones debes tomar en tu conducta amorosa actual para evitar cualquier exceso o apresurarte demasiado?
Recuerda que debes detenerte antes de sentir cualquier deseo
de avanzar en la intimidad física con alguien. Para muchas,
esto significa que tomarse de la mano ya es demasiado.

Notas

1. Ed Young, *Pure Sex* [Sexo puro] (Sisters, OR.: Multnomah, 1977).
   Este libro se encuentra publicado en castellano por Casa Bautista de
   Publicaciones, El Paso, Texas.
2. Joshua Harris, *Le dije adiós a las citas amorosas* (Miami: Unilit, 2000).
3. *Ibíd.*
4. Elisabeth Elliot, *Pasión y pureza* (Miami: Betania, 1995).

Secreto 4   # 10

La pureza habla con firmeza

Historia memorable

Elizabet Ramer habla acerca de ser firme
Soy estudiante de último año de secundaria. Nunca me han besado ¡y no me avergüenzo de ello! Antes me sentía mal. Durante mis primeros años de secundaria ¡los chicos me enloquecían! Había un chico en especial que me agradaba mucho. Hice todo lo que se me ocurrió para atraerlo. Le confié todo lo que sentía, en parte porque no sabía cómo manejar mis sentimientos, y también con la esperanza de agradarle. ¡Pobre chico! Sin embargo, ahora soy libre y no dependo de los hombres. Nunca lo habría logrado sin leer este libro.

Elizabet Ramer, Texas

Preparar tu lengua para las citas amorosas

10–4... Vale la pena tomar el camino difícil, lo cual es cierto por lo general si buscamos la voluntad de Dios. Mi relación con Bob Gresh nunca había sido tan especial y única. No hay "te amos", ni expresiones físicas de afecto, y sin embargo, nuestra relación se profundiza más ahora que antes, con todo eso. No es fácil. Aunque no nos vemos todos los días, estoy agradecida porque el Señor nos

ha dado la sabiduría para esperar con paciencia el momento opor-
tuno que Él ha señalado.

11~13... Esta noche tuve una discusión con Bob. No peleamos,
pero expusimos nuestros puntos de vista con fervor. Nunca antes
había notado esto en mí. Por alguna razón, debatir resulta esti-
mulante. De hecho, si no hubiéramos estado en desacuerdo, me
habría reído.

ejé a un lado mi diario, después de repasar el lento progreso de varios meses de una relación que consideraba como un tesoro. El corazón de cada uno de nosotros, que por unas cuantas semanas era tan cándido y apasionado, volvía a una determinación mental implícita a fin de proseguir de manera lenta... dolorosamente lenta. Sin embargo, había un sentido de recompensa próxima al dolor que causaba la espera. No tenía miedo en esta relación porque mi vida no estaba completamente expuesta. No temía caer en excesos a nivel físico, pues nuestra relación no tenía esa inclinación. Y lo mejor de todo es que todavía nos esperaban momentos inolvidables en el futuro. Sin saberlo, estaba a punto de vivir uno de ellos.

Vi el reloj y me di cuenta de que ya era hora de encontrarme con Bob en el vestíbulo del edificio donde vivía. Él salió a mi encuentro, me acompañó hasta su auto y subimos. En el trayecto retomamos la conversación en el punto donde había quedado la última vez que estuvimos juntos. Nuestra conversación tenía un ritmo. Era decidido y firme. No hacíamos pausas para pensar en lo que diríamos en seguida. Estábamos decididos a escudriñar la mente del otro con las palabras como nuestra principal herramienta.

De repente, él detuvo el auto. Noté que por primera vez caían los suaves copos de nieve de enero, y sentí que la quietud de la fresca nevada rodeaba el auto. Fue como si el tiempo se hubiera detenido de repente.

Él se acercó a mí y con ternura besó la punta de mi nariz, y apenas rozó mis labios al alejarse. "Este es todo el contacto físico que quiero permitir entre nosotros", susurró y comenzó a conducir. Nos quedamos callados por primera vez en meses. Yo medité en la gran tarea que me encomendó entre líneas.

Yo lo escuché.
Me pidió proseguir la conversación.
Lo hice.

La lengua es un arma poderosa. Santiago la compara con el timón de un gran barco. Solo con este pequeño instrumento puedes dirigir el rumbo hacia algo grandioso, o hacia los peligros de un iceberg.

Aunque soy dada a la introversión, descubrí que el hecho de hablar mantuvo mi relación en la dirección correcta. He observado una tendencia al aconsejar jovencitas acerca de sus relaciones. Robert Wolgemuth, autor del libro She Calls Me Daddy [Ella me llama papi], habló al respecto. Dijo que las jovencitas que han aprendido el arte de conversar son menos propensas a caer en situaciones físicamente comprometedoras. ¿Por qué? "Primero, basados en el hecho de que casi siempre los chicos toman la iniciativa, [tú] sabrás cómo expresar abiertamente [tu] compromiso de pureza y… el temor a las consecuencias del contacto íntimo prematrimonial. En segundo lugar, las parejas jóvenes de enamorados por lo general, eligen entre conversar o pasarse al asiento trasero. No ambas a la vez".[1]

Si en realidad quieres llevar una vida de pureza, aprenderás el secreto de hablar con valentía.

Mantén una reserva de pelotas de tenis

Una noche Wolgemuth llevó a sus hijas jóvenes a la casa de un amigo para cenar, y fue en esa ocasión cuando la habilidad para conversar que había aprendido de James Dobson resultó útil. Las chicas se sintieron nerviosas pues no sabían qué decir ni cómo comportarse, al igual que sucede antes de una cita. Su padre les había aconsejado tener una reserva llena de pelotas de tenis antes de sentarse a cenar y estar listas para lanzarlas a sus nuevos amigos. Estoy segura de que los ojos de las niñas quedaron tan abiertos como pelotas de tenis frente a la propuesta de su padre en la cena, pero él prosiguió con la explicación. Las pelotas de tenis eran preguntas verdaderas, y la respuesta de sus nuevos amigos sería como una pelota que regresa. Después de "atraparla", las chicas podrían decidir si era una buena pelota que merecía volver a lanzarse, o una mala... en cuyo caso escogerían de su reserva una nueva para lanzar.[2] Es una gran idea. ¿Tienes una reserva llena de pelotas de tenis para tus citas?

What Hollywood Won't Tell You About Sex, Love, and Dating [Lo que Hollywood no te dirá acerca del sexo, el amor y las citas amorosas], es un libro escrito por Greg Johnson y Susie Shellenberger, y tiene un capítulo fabuloso titulado: "Tonto o cauto: ¿Sabes conversar?" La principal diferencia entre ser "tonto" y "cauto", es que el "tonto" espera a que le hagan preguntas, y el "cauto" las formula. El capítulo abunda en sugerencias de buenas preguntas, entre ellas:

- ¿Cuáles son tus deportes preferidos?
- ¿Qué auto te gustaría tener? ¿Por qué?
- ¿Quiénes son tus héroes? ¿Por qué?
- ¿Cuáles son los tres mejores recuerdos que tienes de tus abuelos?[3]

Hay más preguntas. Adquiere un ejemplar del libro y úsalas.

Otra manera inteligente de obtener preguntas es revisar tu lista de sueños, que fue la tarea asignada en el capítulo 7. ¡Esta es tu oportunidad para ver si él da la talla!

- Cuéntame: ¿Qué te gustaría ser en el futuro?
  (*Procura que las metas y sueños de ambos sean compatibles.*)
- ¿Cómo es tu mamá?
  (*¡Por regla general un hombre busca a una esposa que se le parezca!*)
- ¿Qué tanto participas en tu iglesia?

(Una mirada a su compromiso con el Señor que no resulta apabullante.)
* Cuéntame acerca de tu relación con Dios.
(Será mejor evaluar si ha pasado por un proceso de consagración a Dios.)

Vigila los límites permitidos del juego

Uso esta ilustración de las pelotas de tenis, o pelotas de conversación, como una gran herramienta para animarte a hablar con valentía. Sin embargo, todo juego de pelota tiene sus límites, y si los traspasas, cometes una falta o puedes perder el control sobre ella. De la misma forma, debes vigilar esos límites en tu comunicación.

Por ahora puedo decirte que yo era más bien anticuada, pues creía que las citas pasadas de moda no solo eran seguras para el corazón y para el cuerpo, sino que también ponían el corazón del joven justo en las manos de la chica. De modo que, en honor a nuestro capítulo anterior... debes establecer ciertos parámetros acerca de lo que hablarán y de lo que no hablarán. A mí me resultó más bien fácil. Marqué dos líneas limítrofes y una "técnica".

Línea limítrofe número 1

No hablaré acerca del matrimonio con él hasta que él se comprometa a pedir mi mano con amor y romance.

Yo soñaba con el cuento de hadas que incluía una petición de rodillas, así que estaba decidida a no echarlo a perder con la premura de vivirlo demasiado rápido. Mi esposo y yo sí hablamos acerca de matrimonio antes de comprometernos, pero en un sentido general y después de haber salido por año y medio. Hablamos acerca de temas como el número de hijos que cada uno deseaba tener y qué tipo de casa soñaba. Se trataba de conversaciones muy generales centradas en sus sueños o los míos, pero nunca los nuestros.

Línea limítrofe número 2

No hablaré acerca del sexo, contacto físico, ni deseos hacia él.

Contrato para hablar

Me mantendré ocupada conversando durante las citas. Me comprometo a:

Comenzar cualquier relación romántica con una "reserva" de preguntas.

Después de encontrar a la persona que cumple con mi lista "de sueños", saldré con él bajo las siguientes condiciones para conversar...

No hablaré acerca de matrimonio con él hasta que se comprometa a pedir mi mano de manera romántica y amorosa.

No hablaré acerca de sexo, contacto físico, ni deseos hacia él.

Hablaré acerca de mi deseo de llevar una vida pura.

_____

Firma

_____

Fecha

Hace pocos meses llevé a una amiga mía de la universidad a St. Louis para pasar el día. Ella me confió que ella y su novio luchaban en el aspecto sexual, así que decidieron hablar acerca del asunto... en detalle. Hablaron de lo que ella sentía en su cuerpo, de las reacciones de él, de lo que ella deseaba, de lo que él soñaba. Tan pronto llegué a casa, busqué a mi amiga Donna.

—¿Alguna vez tú y tu esposo hablaron acerca de sus deseos mientras salían juntos? —le pregunté.

—De ninguna manera — ella respondió—. De lo contrario, habría sido demasiado difícil no cumplirlos y, de hecho, habría resultado más erótico que llegar a consumarlos.

Te ruego que tengas presente el poder de tu lengua. El cerebro es el órgano sexual más importante. Cuando los hombres han recibido estimulación visual y nosotras emocional, se liberan sustancias químicas especiales dentro del cerebro que despiertan el deseo por la actividad sexual. Lo que puede en algún momento estimular tanto a hombres como a mujeres es una conversación. Así que toma la determinación de no hablar de tus deseos, pues eso estorbará la tarea de controlarlos.

La Biblia también lo confirma. En Cantar de los cantares, la gran historia bíblica de amor, los dos amantes usaban palabras amorosas y apasionadas para despertar deseos. Hablar es algo íntimo. Si estás convencida de que tu relación con un hombre es el sueño precioso plasmado en tu lista, y ya consideras que estás lista para casarte, persíguelo con muchas conversaciones. Solo cuídate de lo que hablas.

Cómo evitar una falta

Hablaré de manera explícita acerca de mi deseo de llevar una vida pura.

Si te sorprenden "en las nubes" en un juego de baloncesto, pierdes el control del balón. En el fútbol, si cometes la falta de tocar con la mano el balón, pierdes la pelota. Las faltas te hacen perder control sobre el juego, y tienes que esforzarte aún más para recuperar tu posición ofensiva. Es así como terminas por jugar a la defensiva. Yo tomé la determinación de no cometer la "falta" de callar mi deseo de llevar una vida pura. Quería permanecer a la ofensiva.

En gran parte, este mensaje se comunica sin necesidad de palabras, mediante tu manera de vestir, los lugares que frecuentas durante las citas, y tu lenguaje corporal. Sin embargo, pueden presentarse ocasiones que requieren comunicarlo de manera más directa. Yo escuché el mensaje que Bob Gresh me comunicó sin palabras aquella noche en que dijo: "Hasta aquí deseo que lleguemos en nuestra relación". Él quería decirme: "Esto es duro para mí. Yo desearía más, pero necesito que me pidas cuentas de mi deseo de llevar una vida pura". En ocasiones anteriores yo había manifestado mi propio deseo de mantenerme pura con bromas como: "Demasiados besos. Como puedes ver, también tengo cerebro". Y: "¿Quieres conocerme a mí o mis labios?" Eso acabó con el comienzo poco sabio y nos encaminó hacia algo grandioso.

Al confesar tu deseo de mantenerte pura suceden dos

"Seamos sinceros con Dios. Llama cada cosa por su nombre, incluso si es desagradable. Si se despiertan tus pasiones, dilo, a ti misma y a Dios, no a quien las despierta. Luego entrégale las riendas a Dios. Ríndele tu voluntad. Busca obedecerlo, pídele que te ayude. Él no hará la parte que te corresponde, que es la obediencia, pero te ayudará. No me preguntes cómo. Él lo sabe. Ya lo verás".[2]

Elisabeth Elliot,
Pasión y pureza

cosas: (1) Permite que cada uno sea responsable y rinda cuentas al otro, y (2) establece la norma. Cabe agregar que en mi confrontación con Bob solo se aludió al deseo que se había despertado en términos muy generales, y que estábamos en edad de casarnos.

Puedes comprometerte a comunicarlo de manera no verbal si te "riges por tu valor" y "hablas con valentía". No obstante, si surge una circunstancia que lo amerite, debes estar lista para trazar con rapidez, y con la mayor prudencia, la línea limítrofe para tus deseos físicos.

Controlar la lengua no es tarea fácil. En vista de que es tan poderosa, ¡me gustaría que revisaras el contrato para hablar que firmaste en la página!

Sigue adelante en tu lectura, pues el siguiente secreto demostró ser el más decisivo para garantizar un matrimonio pleno.

Escribe tu historia

Es hora de establecer un compromiso. Tus labios son muy poderosos. Debes firmar el contrato para hablar, pero solo si estás dispuesta a cumplirlo. Si sientes que has fallado en alguno de estos cuatro aspectos, toma tu diario y escríbelo. Luego, haz de inmediato el compromiso de firmar el contrato para hablar.

Las frases de retorno más eficaces

Está bien, las cosas han ido demasiado lejos. Él se acerca al fruto prohibido… o tal vez tú. Es hora de exclamar "¡congelados!" ¿Qué palabras usarás para decirlo? A continuación presento dos de las mejores frases de retorno que he escuchado en mis retiros. Tú eliges otras que quieras agregar a tu lista.

10. ¿No te parece genial que Dios nos observe a cada instante?

9. Oye, ¿ya te conté que mi padre rastrea huellas digitales cuando llego a casa después de una cita?

8. _____

7. _____

6. _____

5. _____

4. _____

3. _____

2. _____

1. _____

Notas

1. Robert Wolgemuth, *She Calls Me Daddy* [Ella me dice papi] (Colorado Springs: Focus on the Family Publishing, 1996), 73.
2. *Ibíd.*, 62.
3. Greg Johnson and Susie Shellenberger, *What Hollywood Won't Tell You About Sex, Love, and Dating* [Lo que Hollywood no te dirá acerca del sexo, el amor y las citas amorosas] (Ventura, Calif.: Regal, 1994), 57—63.
4. Elisabeth Elliot, *Pasión y pureza* (Miami: Betania, 1995).

Secreto 5 # 11

La pureza ama a su Creador a toda costa

Historia memorable

Katie Myers habla acerca de amar a Jesús
Mientras revisaba los estantes de una librería cristiana
cercana, me llamó la atención un lindo libro titulado Y la
novia se vistió de blanco. *Sin embargo, lo descarté.*
Acababa de romper una relación bastante seria, y el título
me incomodaba. Seguí mi revisión y me encontré con mi
amiga en la entrada de la librería para comparar nuestros
hallazgos. Ella me mostró algunos libros y luego me pasó
uno diciendo: "este me pareció interesante...". ¡Se trataba
de Y la novia se vistió de blanco! *Decidí echarle una*
hojeada, ¡y luego me sorprendí comprándolo!

Sin saberlo entonces, estaba a punto de entrar en una
vida nueva. Al mirar en retrospectiva, puedo ver con clari-
dad cómo el Espíritu me guió y preparó para disponerme y
recibir a Jesús en mi vida sin reservas. Leer Y la novia se
vistió de blanco *me ayudó a descubrir que debía dejar de*
buscar la plenitud en aventuras amorosas, y que la pureza
significa mucho más que tan solo evitar el sexo prematrimo-
nial. Renovó mi esperanza en un futuro dentro de la volun-
tad de Dios, y de una vida llena de propósito. El Dios del
universo me ama, y ese conocimiento me permite despertar
cada día en obediencia, con gozo y gran expectación.

Katie Myers, Pennsylvania

Buscar una relación de amor con Jesús

También el reino de los cielos es semejante a un mercader que
busca buenas perlas, que habiendo hallado una perla preciosa, fue
y vendió todo lo que tenía, y la compró (Mt. 13:45-46, RVR-60)

o podía imaginar mi vida sin Bob Gresh. La vida con él era plena, libre y llena de emoción. Él me hacía sentir confiada, capaz e inteligente. Sus palabras me transportaban a lo que denominamos un "atontamiento de ensueño".

Sin embargo, esta semana habíamos tomado malas decisiones. Falté a una importante reunión para trabajar en el anuario después que Bob me llamó en el último minuto para llevarme a la biblioteca. En vez de revisar los versículos bíblicos que dictaba el pastor en la iglesia, había optado por tomar la mano amplia y tibia de Bob. Y mi compañera de habitación, Kimberly Sweet, me había confrontado por permitir que mi relación con Bob desplazara mi amistad con ella, y casi todo lo demás. En nuestras últimas citas habíamos permitido algunos besos apasionados. Mi diario comenzó a llenarse de él y no de Dios. Después de año y medio de un "fuego puro y lento", comenzaba a desviarme al camino del "estallido y el incendio".

Entonces aquí estaba yo, nerviosa en frente de su apartamento.

—Sigue —me invitó.

—No puedo —dije al tiempo que una lágrima descendía por mi mejilla y mis labios comenzaban a estremecerse. Nunca me había visto llorar. De inmediato se acercó y extendió sus brazos.

—No —le pedí con voz suave—. Primero escucha lo que tengo que decir.

Se detuvo frente al sofá, el único objeto que parecía separarnos.

—Aprecio mucho nuestra amistad —dije para comenzar—. Sé que tú también. Sin embargo, debemos dedicarnos más a nuestra vida espiritual, y no conformarnos con sentarnos juntos en la iglesia.

Su mirada me hizo comprender que había entendido. Yo no le dije que no podíamos seguir así. Tampoco le sugería que podríamos cambiarlo. Le dije que ya no podíamos seguir.

Nuestra mirada penetrante y directa se borró con las lágrimas que rodaban por el rostro de cada uno de nosotros. Ansiábamos abrazarnos, pero conscientes de que eso podría llevarnos a cometer más ligerezas, permanecimos con la mirada fija en la agonía del otro. Tras un largo silencio, él habló.

—Lo sé —susurró, y seguimos mirándonos con desesperanza. En silencio pedí en oración fortaleza para seguir adelante, a pesar de que mi corazón se sentía desgarrado, y mi cuerpo como si gigantescas piedras lo aprisionaran contra el piso.

Oh, Dios —dije en mi

Las perlas de hoy

Somos incapaces de comprender el valor de las perlas, pues vivimos en un mundo que las fabrica. Jesús vivió en una época que apreciaba su valor. ¿Sabías que en su época la única manera de encontrar perlas era bucear en el océano y encontrar moluscos... y no uno, sino miles? De hecho, un hombre tenía que abrir cerca de quince mil conchas para encontrar una sola perla, la cual podía o no ser muy valiosa. ¿Cuántas tuvo que abrir para encontrar esa perla preciosa? Era tan inusual conseguir una perla semejante, que con frecuencia un hombre tenía que vender todo cuanto tenía, aun su tierra, su ganado, sus siervos y su casa, a fin de reunir el dinero suficiente para comprarla. Me pregunto si estamos dispuestos a buscar a Cristo con una pasión semejante.

Solo hay algo que no cuesta, y es el perdón amoroso de Dios. Sin embargo, esta breve parábola que contó Jesús acerca del mercader de la perla preciosa afirma que buscar de corazón a Dios, conocerlo, y amarlo, exige vender todo lo que posees. Dios pide que vendamos todas las perlas falsas de nuestra vida para comprar la única verdadera. Él dice en Lucas 14:33: "cualquiera de vosotros que no renuncia a todo lo que posee, no puede ser mi discípulo" (RVR-60).

mente—. Nunca te he ofrecido algo tan amado. No sé si vuelvas a dármelo, pero confío en que llenarás este gran vacío en mi corazón algún día, de algún modo. Por favor, permite que sea él. Te lo pido, mi amado Jesús.

Al cabo de una media hora de permanecer allí en el silencio de nuestro dolor y con el sonido del tictac del reloj, me volví, abrí la puerta en silencio y me fui. Ignoraba si la puerta a esta preciosa relación volvería a abrirse algún día.

En mis retiros, les doy a las chicas una etiqueta de precio que dice: "Todo cuesta. Algunas cosas cuestan todo". Hemos escuchado y contado testimonios acerca del costo de las "perlas falsas" en nuestra vida.

Heidi, con más de veinte años e hija de un pastor, nos contó cómo la maravillosa relación con su padre, que es un tesoro escaso en nuestros días, estaba bloqueada por un oscuro secreto. Ella se entregó sexualmente a un hombre a quien "amaba en verdad", y que luego la dejó. En una noche de profundo dolor y pena pudo confesarlo a su esposo, pero fue incapaz de contárselo a su padre. Es lamentable que no haya podido hacerlo, pues eran tan cercanos. Con todo, ella sabe que hablar con él un día, como lo ha pensado, también dolerá terriblemente.

Una chica llamada Karen relató cómo detestaba que la apodaran "inocente", así que comenzó a flirtear para divertirse. Un buen amigo la confrontó y le dijo: "Extraño a la inocente Karen. Me agradaba más. Era real". Karen salió del retiro con la convicción de que debía arreglar algunos asuntos y que no sería fácil. De hecho, sabía que le costaría perder algunas amistades.

Milena pasaba mucho tiempo con otras chicas y mostraban una mala actitud en su grupo juvenil. Se burlaban y tomaban con ligereza las cosas de Dios. Justo antes de dirigir un retiro en su iglesia, ella comenzó a experimentar un verdadero avivamiento en su vida. Entonces sus amigas asistieron al retiro. Al ver que ella se entregaba por completo al Señor, sus amigas comenzaron a ponerse nerviosas. Ya acostada, comenzaron a fastidiarla y a burlarse de ella con crueldad delante de otros. Después de tomar la decisión correcta, ella pagó un precio por haber seguido malas amistades.

El costo de las "perlas falsas" puede ser grande. Entregar tu cuerpo podría un día costarte un embarazo, una enfermedad como el SIDA, o cualquier otra enfermedad venérea. Entregar tu corazón podría terminar en un dolor insoportable, y una crisis espiritual.

Incluso aquello que parece "bueno" puede ser una perla falsa, si no le damos tiempo para que tome su forma verdadera. Así era mi relación con Bob. De modo que "la vendimos" para buscar lo mejor de Dios. El costo fue inmenso. Durante el período en que rompimos, Bob escribió muchas cosas como:

> Mi querida Dannah, me cuesta mucho acostumbrarme a tu ausencia. Ya que este es mi diario, permíteme ser muy franco. Hay una gran parte de mí que no te extraña ahora, una parte que no experimenta emociones, ni pérdida. Sin embargo, también hay una gran parte de mi ser que resiente una tremenda pérdida, casi desesperanza. Es como si no hubiera vida sin ti, Dannah. He llegado a depender por completo de ti. La falta de raíces profundas en Dios en mi vida es un misterio inexplicable. Mi corazón es engañoso y demasiado malo. Soy lo peor, y a pesar de ello hay esperanza. Lo triste es que ya no puedo verla. La luz se fue. Está oscuro.
>
> Te ama, Bobby

Solo vi sus anotaciones en el diario hasta después de nues-

Steven Curtis Chapman habla acerca del precio de seguir a Cristo

Dannah:
Una de tus canciones antiguas que más me gusta es "Por el llamado". Habla acerca del costo de seguir a Cristo. Cada vez que escucho la canción me pregunto: ¿Qué te inspiró a escribirla?

Steven:
Descubrí que mi vida espiritual estaba estancada. Quería profundizar hasta encontrar el punto donde todo comenzara a arder. No quería seguir la corriente del mundo. ¿Cuánto me costaría hacerlo? ¿Acaso significaba privarme de tener relaciones sexuales

tro compromiso. Sin embargo, yo también había escrito cosas muy parecidas en el mío.

9-27-87... Dios es soberano. Jesús es suficiente. Estas son mis metas espirituales. El día en que crea en ellas con todo mi corazón estaré lista para una relación. Ese día parece tan lejano. Señor, dame paciencia.

10-10-87... Mi mente conoce el camino que debo seguir, pero mi corazón es un músculo muy fuerte. Hoy en el mensaje matutino Joseph Stowell dijo: "Dios no obrará por milagro lo que a mí me corresponde hacer en obediencia". Claro, yo quisiera que Él obrara un milagro. Obedecer es muy doloroso.

1-19-88... "Tú guardarás en completa paz a aquel cuyo pensamiento en ti persevera" (Is. 26:3).

Esta noche solo escribo lo que Dios me dice... no por temor a que alguien lea los sentimientos de mi corazón, sino más bien porque temo expresar algunos que quizá deba suprimir.

Hoy, todas las anotaciones de mi diario prueban hasta qué grado nuestra relación era más importante para nosotros que Dios, y cómo sacrificábamos algo valioso a fin de que nuestra relación con Él pudiera ser nuestra posesión más preciada.

El 6 de diciembre asistí a una clase de escuela dominical en la que Bob enseñó. Todavía no estábamos juntos, pero mi corazón seguía sanando y fortaleciéndose en el Señor. En la clase, él leyó Mateo 13:45-46, que dice: "También el reino de los cielos es semejante a un mercader que busca buenas perlas, que habiendo hallado una perla preciosa, fue y vendió todo lo que tenía, y la compró". Lo que él escribió en su diario la noche anterior resumía su mensaje de aquel día.

> Esta noche el Señor me ha enseñado mucho a través de su Palabra. Puedo resumirlo en cinco frases:
>
> 1. Hay una perla preciosa.
> 2. Debemos buscarla.
> 3. Debemos comprarla.
> 4. Nos cuesta todo.
> 5. Vale la pena comprarla.
>
> En mi vida, debo alcan-

prematrimoniales o ver películas pornográficas, y nada más? ¿Qué significa amar a Cristo? Le pedí a Dios que me mostrara cuánto costaría. Comprendí que tenía un precio. Lo cuesta todo. ¿Por qué depender de lo que otros ven en mí, como la fama? Estaba dispuesto a sacrificar todo eso para vivir como Dios quiere.

Después de comprenderlo bien, y de estar dispuesto a pagar el precio, escribí esa canción. Es curioso, justo después de la canción "Por el llamado", escribí otra titulada "La gran aventura". Entendí que esta es la recompensa del costo. Entramos en la aventura para la cual fuimos creados.

zar el punto donde dejo de pagar para tener
perlas falsas, y comienzo a pagar por la verdadera perla.

Dios nos cuesta todo. Él lo vale.

Bob descubrió que, a menos que estuviera dispuesto a
despojarse de todas las perlas falsas en su vida, nunca com-
prendería la bendición plena de la bondad de Dios.

Renunciar al otro fue un ejemplo claro de ese versículo en
nuestra vida. Me encontré con muchas de mis amigas después
de las vacaciones de acción de gracias, con grandes anillos de
compromiso en sus dedos. Sonreí para ocultar mi dolor, y las
felicité. Pasé muchas veladas de viernes y de sábado en soledad y quietud. Tuve que restaurar mi relación con varias amigas a quienes había abandonado. Bob y yo teníamos algunas
clases en común, y verlo todos los días solo despertaba el
dolor que trataba de apaciguar en mis oraciones.

Durante ese período, mi lema fue "Dios es soberano.
Jesús es suficiente". Hasta que no pudiera sentirlo en mi corazón, rehusaría salir con Bob, o con cualquier otro hombre.

Escribe tu historia

¿Cuáles son tus perlas falsas? Te ruego, créeme que sacri-
ficarlas vale la pena. Lo que Dios puede darte es mucho más
valioso. Ahora mismo, dedica un momento a escribirle una
carta de amor a Dios y reconocer delante de Él a cuáles perlas
falsas te aferras. Debes ser sincera y decirle que una parte de
tu ser las aprecia y le resulta difícil soltarlas. No obstante,
confía en que Él te dará a cambio algo mucho mejor. Este
sería un buen momento para detenerte y escribir.

Once días después que Bob predicara en la clase de la
escuela dominical acerca de la perla preciosa, busqué en mi
buzón y encontré un sobre con mi nombre, escrito por él. Allí
escribió:

Mateo 13:45-46
"También el reino de los cielos es semejante a un mercader que

busca buenas perlas, que habiendo hallado una perla preciosa, fue
y vendió todo lo que tenía, y la compró".
Él cuesta todo. Y lo vale.
Tú cuestas todo. Y lo vales.

Sin darme cuenta, él había comenzado a comprender que una relación sentimental reflejaba la condición de su amor por Dios. Aunque a él le costaba mucho la espera, me comunicaba parte de su deseo de esperar juntos a que Dios nos enseñara. Ambos teníamos mucho qué aprender en nuestra relación con Dios antes de estar listos para amarnos el uno al otro. Seguimos el largo proceso de espera.

Pasaron meses, pero todavía no sentíamos que Dios nos permitiera estar juntos.

Secreto 6 *12*

La pureza acepta el consejo sabio

Historia memorable

Jen Wilton habla acerca de hablar con la mamá
¡Parecía imposible! La verdad es que mi mamá y yo nunca habíamos tenido una relación cercana. ¿Cómo podría hablarle de mi pasado, y contarle el mayor error que había cometido? Me aterrorizaba pensar en su reacción.

Ya había transcurrido un año y medio desde que vi a ese joven.

Vi a Dannah Gresh en televisión y hablé con ella. Me ayudó a enfrentar ese momento difícil. En varias ocasiones me sugirió comentarle el problema a mi mamá.

Después de una larga lucha interna una noche tomé la determinación de salir de mi habitación y subir a la de mi mamá. Entré, me senté, y comencé a contarle lo que había sucedido año y medio atrás. Comencé a llorar mientras le confesaba mis luchas, mi culpa y mi vergüenza. Ella no se enojó ni se perturbó. Solo se sentó y escuchó con calma lo que quería contarle. Me dijo que había pasado varias noches sentada en su habitación llorando. Se sentía incapaz porque veía todos los días mi soledad y tristeza, sin saber por qué su "niñita" sufría. Me asombró su reacción, ¡no tenía idea de cuánto le importaba!

¡Y la libertad que sentí! ¡Fue como si me hubiera despojado de un gran peso! Y después de todo lo que sucedió, nuestra relación fue mucho más cercana. Entre mi mamá

117

y yo todo cambió de inmediato. Ahora podía hablar con
ella y abrirle mi corazón porque ya nada tenía que ocultar.

Jen Wilton, Ontario, Canadá

Hacer partícipes a tus padres de tu vida sentimental

*L*isa, mi mamá va a llamarme esta noche —dije, al tiempo que salía con mi ropa hacia la lavandería.
        —¿Ella te lo dijo? —preguntó Lisa al ver mi gesto intrigante.
        —No, pero va a llamar —dije con seguridad. Lisa corrió a buscarme a la lavandería minutos más tarde. Después de animarme a pesar de la distancia, mamá y yo colgamos, y tomé mi diario.

10–18–87 1 Tesalonicenses 3 dice que Pablo envió a Timoteo
para animar a la iglesia que sufría. Se parece a mi mamá que
anima a su hija atribulada. La amo tanto.

Mi mamá acababa de realizar un viaje de dos días, de una región del país a otra, con una jovencita recién ingresada a la universidad. Había pasado dos noches en un apartamento de hombres donde el elemento más nutritivo se encontraba en el aro de la bañera, más que en alguna de las cajas de comida de la cocina. Lo hizo por mí. Lo hizo porque mi corazón sufría y eso me consolaba. Me acosté esa noche sintiéndome amada. Al día siguiente, después de mi clase de las 9:00a.m., fui con Lisa al buzón de correo de la universidad. Era la dicha anhelada del día. Todos esperaban recibir una tarjeta color de rosa con las palabras "hay un paquete para usted", o una nota de alguien especial. Aquel día identifiqué un sobre con la letra de mi hermano Darin, que cursaba la secundaria. Como era de esperarse, la tarjeta en sí era cómica, pero la envió para animarme durante ese tiempo de espera. Debajo de su firma tuvo tiempo para escribir: "Apuesto que eres como un protón rodeado por toda una galaxia de electrones con chicos que solo esperan su turno para sacarte".

Era el aliciente que necesitaba ese día para perseverar en la espera.

Tim y Beverly LaHaye, autores del libro cristiano más vendido acerca del sexo, cuentan un momento especial que ocurrió en la boda de su hija menor. Mientras conducían para llegar a la iglesia, ella se inclinó y dijo: "Papá y mamá, pueden sentirse orgullosos. Criaron a dos hijas en el sur de California, ¡y ambas llegamos vírgenes al matrimonio!" Quizá con los ojos un poco húmedos para la ocasión, la familia llegó a la iglesia en medio de un aguacero de emociones y lágrimas. Ellos sienten la gran satisfacción de que sus hijas no tengan de qué lamentarse.

Es indudable que las hijas de los LaHaye pasaron por momentos en los cuales no deseaban la intervención de sus padres durante el cortejo. Tuvieron que aceptar que su padre entrevistara a los pretendientes antes de cada cita. Y además, someterse a la norma de no salir con alguien antes de terminar la secundaria, y contarles cada detalle de cada cita romántica a sus padres. Me gustaría que los tuyos también participaran con tanto rigor en tu vida. Puedo imaginarme la expresión de tu rostro. De todos modos, escúchame. Permitir que tus padres se involucren en tu vida sentimental, o por lo menos aceptarlo, es un secreto esencial para que puedas llevar una vida pura. No me percaté de ello hasta que comencé a ayudar a jovencitas y descubrí una norma bastante clara. Las chicas que gozaban de una relación estrecha con su familia, y cuya familia las vigilaba de cerca, en especial sus padres, tenían una fortaleza especial para llevar una vida pura. Las chicas que no tenían una relación estrecha con su familia y a quie-

Es asombroso cómo un rato a solas con tu papá o tu mamá puede darle un giro diferente a tu relación. ¡Intenta las siguientes opciones!

¡El mejor momento para mamá e hija!

Está bien, no sé si realmente es "el mejor", pero mi mamá, Kay Barker, y yo, pasamos un día juntas en un evento llamado "la reunión de madre e hija". Ofrecemos consentirte con algunos regalitos, sorprenderte con una enseñanza vivencial en la mañana, un espectáculo de moda en el cual seleccionamos chicas del auditorio, y unos masajes fantásticos. Y no solo eso, sino que también te llevamos a vivir experiencias fabulosas y únicas. Visítanos en www.purefreedom.org.

nes tampoco las vigilaban de cerca, en especial los padres, se inclinaban por la curiosidad y la actividad sexual. Esto no se cumple en el cien por ciento de los casos, pero sí en la mayoría.

Incluso si gozas de una relación estrecha con tus padres, podrías llegar a sentirte limitada por sus normas y en desacuerdo con sus preferencias. Eso no está mal. Ese proceso se denomina "individuación", o en términos más sencillos, volverte independiente. Sin embargo, el peligro radica en que trates de independizarte antes de tener la experiencia necesaria y la sabiduría para protegerte a ti misma. Las normas de tus padres se basan en el amor y en el conocimiento que tú no posees. Quiero animarte, quizá convencerte, de confiar en lo que ellos hacen por ti. Claro, hay razones obvias para hacerlo, como el hecho de que tal vez ellos te conocen mejor de lo que tú te conoces a ti misma, en algunos aspectos. Ellos merecen tu honra solo porque Dios así lo manda. No obstante, considero que hay dos razones vitales para aceptar la participación de tus padres en tu vida sentimental, en especial porque tiene mucho que ver con la pureza.

Tu padre puede llenar ese vacío de presencia masculina en tu corazón.

Conozco a un hombre maravilloso que tiene una relación excepcional con sus dos hijas. Él me contó que un día su hija adolescente se sentó en sus piernas y le preguntó de repente: "Papi, ¿por qué yo no ando detrás de los chicos como algunas de mis amigas? Es decir, me agradan los chicos, pero no siento que los necesite tanto como ellas".

Sin dudar, él respondió así su pregunta: "Porque en este momento hago todo lo posible por llenar ese vacío en tu corazón. Así que no necesitas chicos".

Me agrada esa respuesta.

Permíteme ir directo al grano. Las chicas que carecen de una relación sana con su padre corren un mayor riesgo de tener sexo. En un libro titulado América sin padre, David Blakenhorn escribió: "Muchos estudios confirman que las niñas que crecen sin un padre corren un riesgo mucho mayor de tener vida sexual temprana,

¡El mejor evento para papá e hija!

En este caso, admito que este es tan bueno como suena. En las alturas de las montañas de California del norte hay un lugar de Dios maravilloso llamado el Rancho JH. Puedes llevar allí a tu padre para compartir la "aventura para papá e hija". ¡Y qué aventura! Rodeo, montañismo, escalada, remo, salto de cataratas, y mucho tiempo "a solas" para hablar y crecer juntos como padre e hija. Vale la pena hasta el último centavo, cada kilómetro que recorras para llegar allí, y cada instante que tu papá sacrifique de su trabajo. ¡Te animo a ir! Visita www.JHRanch.com.

embarazos en la adolescencia, divorcios, e inseguridad sexual".[1] He visto los mismos resultados en muchas fuentes. De hecho, en un estudio acerca de la vida sexual de cuatrocientas jovencitas, ellas confesaron con mucha frecuencia que en realidad "buscaban en los encuentros sexuales la paternidad que no tenían".[2] No quiero aburrirte con muchas estadísticas, pero resulta un poco aterrador puesto que muchas de ustedes ni siquiera gozan del privilegio de vivir con un padre en la misma casa, y aquellas que lo tienen, consideran que la relación es frustrante.[3]

En mi infancia, mi padre y yo éramos muy cercanos. Yo lo acompañaba a los entrenamientos caninos, e incluso a veces viajaba con él para los espectáculos de perros. Él me llamaba Sally. (No tengo idea por qué, pero era nuestro lenguaje secreto para tratarnos con cariño.) Siempre me estrujaba, como si no fuera suficiente. Después de ingresar al séptimo grado escolar, fue como si un inmenso muro se interpusiera entre él y yo. En parte fue su culpa. En parte fue la mía. Yo me volví retraída y callada en un esfuerzo por construir mi propio mundo. Fue muy doloroso para ambos. Lo peor fue que duró hasta que salí de casa para estudiar en la universidad, y ambos comenzamos a notar lo mucho que nos extrañábamos mutuamente.

Pienso que a veces a los padres les asusta ver la transformación del cuerpo de sus hijas y comienzan a sentirse inadecuados para comunicarse con sus pequeñas niñas. Un autor escribió: "Debe resultar incomprensible para una niña acostumbrada a ser la consentida de su papá, a sentarse en sus piernas y a que la arropen a la hora de dormir, ver que su papá la aparta. 'Ya eres demasiado grande para eso', le dice su padre o su madre. ¿Demasiado grande para los abrazos familiares? ¿Demasiado grande para recibir el amor de un padre? 'Siento como si hubiera hecho algo mal', explicó una adolescente refiriéndose al distanciamiento de su padre".[4]

Quizás algún día debas estrellarte contra ese muro. No siempre será fácil, y nunca dejarás de anhelar una relación de amor con tu padre. Es probable que tu relación con él nunca sea tan importante para ti como durante los años de adolescencia y juventud, durante los cuales a muchas les parece tan difícil de sobrellevar.

Voy a proponerte algunas ideas prácticas para tu relación con tu papá. Mientras procuro convencerte de la necesidad de aceptar que tu papá y tu mamá se involucren en tus relaciones sentimentales, me gustaría hablarte acerca del apoyo especial que puede ofrecer tu mamá.

¡Tu mamá puede vacunarte!

¿Recuerdas aquella lagartija roja y los pequeños monstruos que mencioné en el capítulo 6 que habla de la pureza como un proceso? Bueno, creo que muchas veces son hereditarias. Los alcohólicos vienen de familias de alcohólicos. De familias de mentirosos nacen mentirosos. De familias que han sido adictas al sexo salen personas adictas al sexo. Pregúntale a cualquier psicólogo cristiano o consejero. Ellos te dirán que ven esa pauta cumplirse a diario. También la Biblia lo muestra. Por ejemplo, sabemos que David tenía una debilidad por las mujeres. Su pecado con Betsabé lo llevó a cometer otro que fue el asesinato. Salomón, el hijo que tuvo con Betsabé, llevó la iniquidad de su familia. Salomón tuvo setecientas esposas y trescientas concubinas. Muchas de ellas eran mujeres "extranjeras" que no creían en Dios. Él le había

> *Una idea grandiosa*
>
> *Llama a tu papá y a tu mamá. Cuéntales que lees este fabuloso libro y que tiene un capítulo que habla acerca de ellos. Invítalos a leerlo contigo y a comentarlo. Quizá surja un nuevo comienzo para ustedes, ¡o su relación podría acercarse como nunca antes!*

Rebecca St. James habla acerca de los padres

Dannah:
¿Qué esfuerzos han realizado tú y tu padre para fortalecer su relación?

Rebecca:
Es interesante tu pregunta. Mi papá y yo somos realmente muy cercanos porque trabajamos juntos. Él es quien administra mi trabajo, y hay personas que me han preguntado: "¿No te parece extraño trabajar con tu papá?"

Yo, por mi parte, pienso que es muy bueno porque él me comprende en realidad y siempre busca lo mejor para mí, como nadie más que trabajara como administrador artístico podría hacerlo. A veces siento que espero más de él, y a veces demasiado.

advertido a Salomón que no se casara con ellas. Salomón tenía la misma tendencia hacia el pecado sexual que mostró David su padre.

Míralo de esta forma: Cuando eras muy pequeña, tus padres sabían que podías adquirir ciertas enfermedades, como polio y sarampión. Ya que estas pueden causar la muerte o graves daños, ellos decidieron tomar una pequeña dosis de dicha enfermedad e inyectarla en tu hermoso cuerpecito. Sabían que si tu cuerpo conocía esta enfermedad, aprendería a combatirla.

Algo similar ocurre con las enfermedades del alma. Es muy probable que debas enfrentar las mismas enfermedades o pecados que tus padres experimentaron en su vida. Si puedes recibir una pequeña muestra de eso por medio de sus testimonios, y quizá ver su dolor y vergüenza, estarás en mayor capacidad de pelear contra ellas.

Entonces, ¿cómo puedes construir una relación fuerte con tus padres? ¿Cómo puedes tener la confianza suficiente con ellos para permitirles involucrarse en tu vida sentimental? Tal vez sea un proceso largo y difícil, pero te daré algunas ideas sencillas para comenzar.

Escribe una carta

Escribir una carta es una de las formas de comunicación que causa mayor impresión. Les escribí muchas cartas a mis padres en mis años de escuela secundaria. Siempre me servían para ajustar mi actitud y también la reacción de ellos. Mientras escribía, notaba que gran parte de mis expectativas acerca de ellos eran egoístas e intransigentes. Podía repasar la carta y hacerle cambios antes de entregarles la versión final. Fue un buen ejercicio para examinar mi propia actitud. Mientras la editaba, solo las inquietudes legítimas prevalecían. Luego de apartar el egoísmo, mis padres podían apreciar mi punto de vista y con frecuencia lográbamos entendernos.

Ron Hutchcraft también recomienda este tipo de comunicación. Él dice que

En especial con el paso de los años... espero que me brinde el apoyo que quizá debería esperar de mi futuro esposo. A veces mis expectativas son demasiado elevadas.

Debo ser cuidadosa. Con todo, si mis expectativas son legítimas y razonables, acudo a él y soy sincera al expresar mis sentimientos. Le digo: "Papá, lo necesito", o "papá, en realidad eso me dolió". Lo arreglamos, aunque sea difícil. Debido a que amo y respeto tanto a mi papá, a veces temo un poco hacerlo. Con todo, pienso que en verdad es muy importante manifestarle lo que siento cuando estoy herida.

una carta "por regla general, se expresa mejor, se escucha mejor, y se recuerda mejor". Él ha visto cómo una simple carta ha transformado familias enteras.[5]

Escribir una carta es algo que recomiendo de manera muy especial si tienes problemas en tu relación con tu padre. Pese a que no tengas luchas en ese sentido, es vital que busques una relación franca y abierta con él. ¿No te gustaría sentarte en este preciso momento y escribirle una carta a tu papá? Cuéntale lo mucho que anhelas su afecto. También puedes presentar en tu carta lo que sientes que Dios te enseña en este capítulo. Dile cuán importante es para ti la relación entre los dos. Dile que lo amas. Si la relación está tensa, dile que sufres por el muro que los separa y pídele que se convierta en el héroe que viene y lo derriba para acercarse de nuevo a ti. Anda. Inténtalo. Admite que tu papá es alguien muy importante para que puedas llevar una vida de pureza. Claro, puedes lograrlo sin él, pero resulta más fácil si él camina contigo.

Busca el estilo de expresar amor de tu padre

Los hombres son de Marte, las mujeres son de Venus, fue el título de uno de los libros más vendidos en la década pasada, y cuyo tema son las relaciones. ¿Por qué se vendió con tanta rapidez? Porque casi toda mujer compartía la frustración de tratar de hablarle al hombre de sus sueños y sentir como si él hablara en otro idioma, tan extraño que parecía de otro planeta. Bueno, ¿sabes qué? Padres e hijas también tienen muchas dificultades para comunicarse en el mismo lenguaje. Una amiga sabia que crió a tres maravillosas hijas ya mayores, me contó su secreto. Ella dijo que cuando sus hijas intentaban comunicarse con su padre, les resultaba difícil percibir su amor. De modo que ella les enseñó a descifrar su manera de comunicar amor.

Tan pronto ella me contó este pequeño secreto, pude ver de muchas maneras el lenguaje que mi padre usaba para expresar amor. Entre nosotros no había muchas expresiones como besos, abrazos ni cercanía física. Tampoco "salíamos" juntos. Rara vez conversábamos a solas, pero me amaba a su manera. Un proyecto científico que realicé en la secundaria resultó ser unos de los mejores gracias a que mi padre pasó horas enteras consagradas a pintar paneles solares, fotografiar narices de perros, o recubrir tableros con fieltro. Si yo lo llamaba desde la universidad para preguntarle algo acerca del estudio, él hablaba sin parar. Siempre he creído que mi padre puede arreglar casi cualquier cosa que yo daño, pues siempre, siempre lo ha hecho.

Quizá no sientes el amor de tu padre. El hecho es que tal vez nunca lo veas en el lenguaje que tú esperas que te hable. Sin embargo, búscalo. Hazlo con tesón. No esperes que él intente hablar en tu idioma para comunicar amor. Identifica su forma de decir "te amo", y acéptala como su estilo peculiar de hacerlo.

Confía en tu madre

A diferencia de la mayoría de ustedes, no he tenido profundas luchas con mi madre. Quizás el asunto más frecuente es que tu mamá no se comunica de manera tan eficaz como tú desearías. Tal vez sientes que en realidad no te escucha, en especial en lo que respecta al tema de las relaciones. Casi todas ustedes manifestaron que les gustaría hablar con ella acerca de sexo.[6] Aunque tu madre es la persona más adecuada para hablar contigo acerca de este tema, entre las dos existe un gran abismo en la comunicación. Un estudio concluyó que el setenta y cinco por ciento de las madres sentían que su comunicación con sus hijas acerca del sexo era muy directa y eficiente. Sin embargo, solo la mitad de las hijas afirmó algo parecido.[7]

Entonces, ¿cuál es el problema?

A medida que experimentas el proceso de descubrir, decidir y buscar respuestas para tus inquietudes acerca de la sexualidad y la pureza, revives el mismo proceso que ella atravesó cuando tenía tu edad. Ella vivió esa experiencia, y conoce a la perfección lo que sientes. Ya luchó con la espera de entregarle su corazón a alguien, como tú esperas ahora. Nunca es fácil, pero confiar en su sabiduría podría aligerar tu carga.

La mejor manera de sacar el mayor provecho de su sabiduría es contarle con sinceridad el grado de entrega emocional y física que has permitido con respecto a los hombres. (¡Espero que no mucho si aún no estás en edad de casarte!) Lo digo con reservas ya que cada relación madre e hija es única, y es probable que en tu caso sea difícil hablar con tu mamá al respecto. Con todo, no te apresures a pensar que así será. Inténtalo. Sé que la mayoría de las madres se sentirían dichosas al ver que sus hijas confían en ellas para hablar acerca de su vida sentimental. Al tratarse de sexo y citas amorosas, recuerda que la pureza habla con valentía. Esta es una excelente ocasión para ponerlo en práctica. Cuéntale cómo has vivido. Quizá te sorprenda el resultado.

Yo desearía haberlo hecho mucho antes con mi madre. Tal vez tenía diecisiete años cuando comencé a pedirle un serio consejo acerca de los hombres. Tanto mi madre como yo nos caracterizamos por tratar de "agradar". Eso puede complicar las citas amorosas. Tuve largas conversaciones con mi mamá, quien me ayudó a contener mi anhelo de entregarle a Bob mi corazón durante la prolongada espera en que Dios me pidió dárselo solo a Él. Durante ese período ella me contó sus secretos de cómo enfrentó luchas similares y lo que podría costar en el futuro el hecho de rendirse. Esto fortaleció mi determinación para optar por el "fuego puro y lento". Estoy segura de que no hubiera podido lograrlo sin ella, y siempre quise haber aceptado su consejo y sabiduría años antes.

Gracias a la increíble paciencia y consejos de mi mamá, logré esperar mucho tiempo a que Dios fortaleciera mi amor por Él. Cuando al fin Dios nos permitió volver a Bob y a mí, la espera valió la pena desde todo punto de vista.

—¿Te sientes bien? —le pregunté a Bob.

—Sí —respondió sin convicción.

Nos sentamos en un restaurante a comer hamburguesas y papas fritas. Bueno, yo comía. Él trataba de mantener la boca ocupada con cada mordisco de papas. Su hamburguesa se enfriaba.

Me alegraba saber que nuestra amistad volvía por buen camino. Era un hermoso regalo de Dios que con dolor habíamos esperado recibir. Todavía albergaba expectativas mayores, pero al menos ambos sentíamos la libertad de vernos otra vez, y durante los últimos meses atesoramos nuestros mejores recuerdos. Tuvimos que cambiar los neumáticos en medio de la lluvia de camino a su banquete universitario en Cincinnati. Sostuvimos muchas conversaciones largas e íntimas en la biblioteca. Él me llevó a unas cataratas y pasó una tarde fotografiándome como si yo fuera una modelo. Él era todo lo que yo soñaba y esperaba, en parte porque esperar a los pies de Dios lo había convertido en un hombre más paciente, sensible y romántico. (¡Sin duda eso fue un valor agregado!)

Sin embargo, sentía temor por lo que vendría en los meses siguientes. Mañana sería su graduación. El lunes sería un profesional y comenzaría a trabajar a ocho horas de distancia, mientras yo estaba lejos para mi último año de universidad. Oh, parecía que la espera volvería a comenzar.

Una hora después, divisaba en el auditorio unos dos mil estudiantes universitarios y sus padres en la capilla de la universidad de Cedarville. Mi amiga Donna Payne me había dicho que la "noche de graduandos" de Bob, la emocionante calle de honor que por tradición precedía la ceremonia de graduación, sería bastante formal. Ella me convenció de ponerme el vestido color de rosa de seda, pero yo no lograba encontrar algo de seda o encaje, o algún traje formal en la casa.

Atenuaron las luces, y yo observaba los momentos más divertidos de los graduandos de la clase de 1988. De repente, Bob apareció en el estrado con Cristina.

Un momento —pensé. Mi corazón latía con fuerza. —Se supone que estaría vestido de traje, como los demás. No pensé que participaría en alguna presentación.

Hablaron en voz baja unos segundos y luego…

—Bueno, Bob, ¿cuándo vas a lanzar la pregunta? —preguntó Cristina.

—¿La pregunta? —respondió nervioso. Su famoso gesto tampoco parecía funcionar esta vez.

—Sí —dijo ella para presionarlo—. Tú y Dannah han estado juntos hace mucho tiempo. ¿No te parece que ya es hora?

Mi corazón comenzó a latir tan fuerte que sentía que todos los asistentes alrededor de mí percibían la vibración.

—Sí, sí —dijo él en tono casual—. Ya es hora, solo que siempre soñé pedir su mano en algún lugar lleno de amigos y algunos familiares. Tú sabes, compartir este gran momento de felicidad. Quería que fuera perfecto.

—Bueno —ella insistió—, ¿por qué no me muestras tu versión de la perfección?

—Primero —respondió al tiempo que ella desaparecía del escenario—. Buscaría en mi bolsillo para ver si tengo el anillo. Sacó de su bolsillo una caja negra de terciopelo mientras el público susurraba en admiración.

—Luego, la buscaría entre los presentes, dijo al tiempo que descendía del estrado y se dirigía hacia mí.

—Luego, la tomaría de la mano —dijo al extender su mano para tomar la mía. Mientras me llevaba al estrado, sentí como si flotara detrás de él. Al llegar, encontré una silla, y me desplomé en ella, pues parecía que mis rodillas habían olvidado cómo doblarse. Él se arrodilló frente a mí, y me miró a los ojos. Luego presentó la caja y la abrió. Los reflectores hicieron brillar el diamante, rodeado de seis hermosos zafiros, que contrastaba con el terciopelo negro.

—Dannah Barker —preguntó—. ¿Quieres casarte conmigo?

Silencio.

El tiempo se detuvo.

Sus ojos.

Su sonrisa.

Su corazón tan humilde frente a mí.

Era mi turno para hablar y sabía qué decir, pero la emoción del momento desbordaba mi corazón. ¿Cómo podía hablar?

—Oh, sí —exclamé feliz, y con una risa nerviosa mientras nuestras emociones se aquietaban en un fuerte abrazo. Al descender del estrado el público celebró con emoción, para unirse a la felicidad del momento. En una esquina divisé por primera vez a algunos de nuestros familiares que estaban presentes, rebosantes de alegría. Sus aplausos, su ánimo, y su sabiduría nos permitieron gozar de este momento hermoso en su compañía. Era una ocasión que no pudo echarse a perder ni arruinarse por malas elecciones. El fuego puro y lento había valido la pena. Mi príncipe estaba aquí, y el ocaso se asomaba en el horizonte. El 29 de abril de 1989 fue la fecha señalada para el día en que entraríamos en él.

Notas

1. David Blakenhorn, *Fatherless America* [América sin padre] (Nueva York: Basic Books, 1995), 46.
2. Kristine Napier, *The Power of Abstinence* [El poder de la abstinencia] (Nueva York: Avon Books, 1996), 67.
3. *Ibíd.*, 19.
4. Nathalie Bartle, *Venus in Blue Jeans* [Venus en pantalón] (Boston: Houghton Mifflin, 1998), 172.
5. Ronald Hutchcraft, *How to Get Your Teenager to Talk to You* [Cómo hablar con su adolescente] (Wheaton, Ill.: Victor, 1984), 50.
6. Napier, *Power of Abstinence* [El poder de la abstinencia], 9.
7. Bartle, *Venus,* 97.

13

La verdad acerca del sexo: Es algo extraordinario

Historia memorable

Erin Davis habla acerca del don divino del sexo
Todo comenzó con risitas nerviosas y siguió con carcaja-
das. Estábamos sentados en la orilla de nuestra cama en la
pequeña habitación de luna de miel, todavía con nuestros
vestidos de boda sin idea de lo que debíamos hacer en ese
momento. Nuestro compromiso con un Salvador amante y
santo, y ante todo su gran fidelidad hacia nosotros, nos había
guardado puros, para preservar este momento de gozo mutuo.
*   Lo que comenzó con cierta inquietud, pronto se convirtió*
en un intercambio apasionado de regalos. Mi regalo para mi
esposo y su regalo para mí era una intimidad reservada solo
para el otro. Como esposos, la ofrenda para nuestro Salvador
fue obedecer el mandato, honrar el compromiso. Aunque no lo
esperábamos, pronto descubrimos que su regalo para nosotros
superaba todo lo que jamás habíamos imaginado. Mientras
descansábamos juntos y escuchábamos el golpeteo de las olas
contra la orilla, mi esposo susurró "somos uno", y me rodeó
una paz y un consuelo que nunca antes experimenté. En vís-
peras de nuestro segundo aniversario de matrimonio, todavía
reímos dichosos al pensar en los dones que Dios nos dio, y nos
maravilla ver el galardón que viene por seguir el camino que
Jesús trazó para nuestro matrimonio y ministerio.

Erin Davis, Missouri

Erin fue una de las primeras jovencitas a quienes
Dannah Gresh aconsejó. ¡Ahora ella transmite la misma
pasión al servir en la consejería como esposa de un pastor
de jóvenes!

Entender el propósito divino para el sexo

"Presento mi cuerpo como sacrificio vivo, santo y agradable.
¡Esto solo es posible después de todo lo que tú hiciste por mí!"
(Respuesta a Romanos 12:1.)

ermanecí acostada abrazando con mi cuerpo el de mi esposo, maravillada por el regalo de nuestra primera experiencia juntos. Fue tierna y satisfactoria, prueba de nuestro amor. Fue imperfecta y poco diestra, prueba de nuestra inocencia. Nunca antes me había sentido tan amada ni reconfortada, como si el mundo a mi alrededor se hubiera detenido solo para que pudiera vivir y sentir ese momento a plenitud.

Bob comenzó a alejarse de mí.

—No, no te vayas —susurré, acercándolo a mí.

Él se volteó y besó con ternura mi nariz, luego salió de la cama. Con ternura me envolvió en las sábanas y luego se arrodilló junto a mí.

—Dannah, quiero orar —dijo—. Quiero darle gracias a Dios por este regalo y rogarle su bendición sobre nuestro lecho matrimonial, a fin de que siempre podamos guardarlo.

Allí, en la noche, con un haz de luna que atravesaba nuestro lecho nupcial, alabamos al gran Dios del universo por nuestra noche de bodas.

¿Cómo puedo ayudar a restaurar tu concepto acerca del sexo? Lo que ves y oyes a diario es contrario al plan de Dios para el sexo. Y gran parte de lo que ves ni siquiera se aproxima a la realidad. Cada año, la persona promedio entre los dos y los dieciocho años se expone a catorce mil imágenes de índole sexual, insinuaciones, y bromas en la televisión. De estas, menos de ciento setenta y cinco aluden a temas reales como el embarazo, el control de la natalidad, la abstinencia o las enfermedades de transmisión sexual.

En uno de los espectáculos más populares para adolescentes, la conversación gira en torno al sexo desde un veintinueve hasta un cincuenta y nueve por ciento del tiempo. En las telenovelas, hay veinticuatro probabilidades más de que el sexo se practique entre parejas no casadas que entre esposos.[1] Sexo es la palabra más buscada en la Internet, y aun si no la buscas, es muy probable que encuentres algún contenido sexual. El presidente Bill Clinton inició un debate público para determinar si el sexo oral en realidad era sexo. (Un comentario: ¡No lo llaman "amistad" oral!) El mundo presenta el sexo como algo trivial, intrascendente, y barato.

Sin embargo, poco se oye en la iglesia o en escuelas religiosas privadas acerca de lo hermoso y honroso que es el sexo a los ojos de Dios. Ed Young escribió:

> Según lo que transmiten los medios de comunicación, cualquier extranjero que visita los Estados Unidos llegaría a la conclusión de que toda persona mayor de doce años tiene una vida sexual activa, que el matrimonio es el último lugar dónde buscar la satisfacción sexual, que la fidelidad no es más que un sueño arcaico, y que incluso la perversión sexual más enfermiza constituye "el derecho inalienable" de todo ciudadano.
>
> Es indudable que esta sería la conclusión, a menos que visitara la iglesia. Allí entonces tal vez se preguntaría qué sucedió con el sexo. Quizá nunca lo oiga mencionar, o tan solo

vagas referencias en voz baja y en tono de cen-
sura. Para vergüenza suya, la iglesia en su historia ha desconocido el don divino de la
sexualidad humana, o lo ha reprimido con un
alud de prohibiciones.[2]

Detente ahora mismo. Pídele al Espíritu Santo que te
revele esta verdad. La verdad que estoy a punto de contarte es
poderosa, pero no se habla mucho acerca de ella... ni siquiera en las iglesias. Quiero que la veas a través de los ojos de
Dios. Por favor, detente para pedirle a Dios en oración sincera que te hable.

En las Escrituras hay solo cuatro sacrificios de sangre.
Antes de la venida de Cristo, se adoraba a Dios y se manifes-
taba arrepentimiento por medio del sacrificio de la sangre de
animales. Cuando Dios hizo su pacto con Abraham, Él pidió
sangre y dolor mediante la circuncisión, como un acto de fe
de Abraham. Al cortar su prepucio, él demostró que su corazón había cambiado. (¡Ay!) Estos son los dos primeros pactos
de sangre.

El tercero y más excelso, es el de la sangre expiatoria de
Jesús, que constituye el pacto de Dios con nosotros, que si
confesamos nuestro pecado Él está dispuesto a borrarlo.
(¡Gracias Jesús!) El pacto de sangre de Jesús anula el requeri-
miento de sacrificar animales y practicar la circuncisión. La
circuncisión todavía se practica mucho, pero más que todo
como una medida higiénica y de salud.

Pero aguarda, antes de pensar: "Vaya, ¡me alegra no vivir
en los tiempos bíblicos y tener que sacrificar animales!"
¡Todavía queda uno que Dios nos pide! Existía en el Antiguo
Testamento bajo la ley, pero en el Nuevo Testamento adquiere otro significado, y es el único sacrificio de un pacto de sangre que Dios todavía nos pide en la actualidad. Amiga mía,
hablo de tu sexualidad.[3]

En el Antiguo Testamento, Malaquías 2:14-15 nos advier-
te acerca de no quebrantar el pacto matrimonial. Dios nos
pide valorar nuestra virginidad y guardarla como nuestro

único pacto de sangre para Él. Apocalipsis 21:9 se refiere a los cristianos como "la novia, la que va a ser la esposa del Cordero [Jesús]". En la época anterior al nacimiento de Jesús, las costumbres relacionadas con el matrimonio judío prefiguraban la relación de Cristo con quienes le hemos recibido como Señor y Salvador.

Cuando un hombre judío se fijaba en una hermosa jovencita judía, iba en compañía de su padre para hablar con el padre de ella. En dicha reunión, el futuro novio debía presentar algún tipo de pago por la novia. Para tal efecto podía ofrecer una o dos vacas, monedas, o la promesa de trabajo. Si el padre de la joven aceptaba el pago, acordaba entregarle al joven su preciosa hija, con la condición de prepararle una casa. El joven salía a buscar su martillo y madera. Si podía, construía una casa aparte. De lo contrario, anexaba una habitación a la casa de su padre para él y para su desposada.

Durante el período en el

¿Qué es un pacto?

La palabra pacto se toma con ligereza en estos días. Suele compararse con un contrato, pero un pacto es mucho más que eso. Como puedes ver, al entrar en un pacto con Dios recibimos los regalos que Él concede (como el placer sexual, la unidad, y la bendición de los hijos en el matrimonio), en virtud de nuestra fidelidad al pacto. Asimismo, acordamos que si quebrantamos el pacto (como hacen muchos al divorciarse o cometer adulterio), perderemos todas las bendiciones que este trae. Un pacto es un acuerdo de "si" y "entonces". Si tú permaneces fiel a él, entonces experimentarás su plenitud de gozo. No puedes pretender conocer todas sus bendiciones, a menos que te comprometas de todo corazón a cumplirlo. Amiga mía, espera abundantes bendiciones de tu pacto matrimonial. Reconoce que tu boda es un pacto inquebrantable, y toma la determinación de ser fiel a él.

En los tiempos bíblicos, los novios se presentaban con sábanas blancas para su noche de bodas. Se esperaba que durmieran sobre ellas, y que la novia sangrara como prueba de su virginidad. Como sabrás, Dios nos creó con una membrana protectora, el himen, que por lo general se rompe la primera vez que hay coito. Al romperse, la sangre de la mujer se derrama sobre su esposo.

La unión sexual es un pacto de sangre entre tu esposo, tú y Dios.

cual el joven construía la casa, la novia también tenía un trabajo especial. Debía esperar. Oh, no solo dar vueltas por ahí
en sus tareas cotidianas y pensar en su desposado. No, ¡debía alistarse! Tenía que preparar el vestido más hermoso que pudiera confeccionar o encontrar. Debía limpiarse y cuidar su piel con aceites aromáticos. Debía contarles a sus amigas acerca de la llegada de su novio. En la noche, debía encender una lámpara de aceite como señal de su espera fiel. La lámpara no podía apagarse. Era la señal de que estaba lista.

El himen recibió su nombre según el dios mitológico del matrimonio. Es una diminuta membrana que rodea, pero no cierra por completo, la abertura de tu vagina. Se desconoce si tiene alguna función, y nunca vuelve a crecer después de haber sido dilatado o rasgado. En ciertos casos muy raros, una niña puede nacer sin él, o en su juventud rasgarlo debido al ejercicio físico severo o a un accidente.[4] Supongamos que no existiera. Eso no impide que la unión sexual simbolice la verdad espiritual de la relación entre Cristo y su amada Iglesia.

Su novio regresaba tras haber terminado la casa para los dos. No había espera. Si eran las tres de la mañana, tenía lugar en ese momento. Entraba en la casa de su novia con sus amigos, y observaba primero para confirmar que la lámpara ardía. Luego la despertaba y la paseaba por las calles con gritos y regocijo, pues ella estaba lista y él podía ofrecerle a ella sustento. En la noche la nueva pareja se quedaría a solas para consumar el matrimonio, ¡y luego comenzaba la fiesta que a veces duraba semanas!

¿Ves lo que yo veo? Sé que piensas en lo romántico que pudo ser, pero ¿ves lo que refleja? ¿Ves a Jesús que viene a la tierra como aquel hombre que vino a la casa de la jovencita? Mateo 25:1-13 compara la forma como la Iglesia espera a Cristo, con la fiel espera de la virgen por su esposo. ¿Ves cómo Él pagó por nuestra vida con su sangre en la cruz, al igual que aquel hombre pagó el precio? ¿Recuerdas su ascensión al cielo donde "prepara un lugar" para ti y para mí, tal como este hombre construyó la casa para su novia? Y un día, de manera inesperada, Jesús regresará por su Iglesia en toda su gloria, y quienes lo llaman Salvador estarán con Él para siempre, así como el novio regresó para tomar a su novia virgen para que viviera con él por el resto de su vida. ¡Sí! Me fascina el romance de la tradición judía con respecto al matrimonio, pero más me apasiona el poderoso simbolismo.

Ed Wheat, un médico, escribió:

> Las Escrituras resaltan con tal vehemencia la relación sexual, que la entendemos no solo como una experiencia maravillosa y permanente entre el esposo y la esposa, sino la revelación de algo todavía más sublime acerca de Dios y su relación con nosotros. Efesios 5:31, 32 lo declara: "Por esto dejará el hombre a su padre y a su madre, y se unirá a su mujer, y los dos serán una sola carne. Grande es este misterio; mas yo digo esto respecto de Cristo y de la iglesia" (RVR-60). Así pues, Dios ilustra una gran verdad espiritual con la unión sexual satisfactoria que es fruto del amor y la rectitud. Nos habla de la suprema historia jamás relatada, de cómo Jesucristo se entregó y se interesa por nosotros, y siente un amor profundo... por quienes creen en Él.[5]

¿Te das cuenta de lo que Dios te ha confiado? La joven novia que llega a su matrimonio como una virgen fiel puede gozarse plenamente. (No me refiero a la virginidad en términos técnicos. Hablo de una virgen pura cuya mente es tan pura como su cuerpo.) ¡Qué gozo tan grande poder entrar en una relación de pacto con un hombre en tu noche de bodas sin reminiscencia alguna de haberlo estropeado! Creo que no existe dicha terrenal comparable.

Puede que te sientas un poco relegada porque conservas algunos recuerdos difíciles de borrar para esa noche. Bueno, amiga mía, yo comparto tu pena. No puedo negar el gran que eso produce, pero puedo declarar que servimos a un Dios amoroso que puede restaurar un corazón roto. Si esta verdad duele, lo siento, pero te ruego que sigas tu lectura, y experimentes el perdón de Dios. Al final del siguiente capítulo te animo de manera muy especial.

En las Escrituras, los pactos siempre eran acuerdos de "si... entonces". Si Abraham cumplía con el rito de la circuncisión, entonces recibiría la bendición de una gran descendencia que seguiría a Dios. Si los personajes del Antiguo Testamento realizaban sacrificios de animales como un pacto de sangre, entonces Dios vería su fe y perdonaría sus pecados. Si Jesús derramó su sangre por nuestro pecado y nosotros lo recibimos y aceptamos como Salvador, entonces podemos recibir el perdón y un día ir al cielo. Ahora tal vez quieras saber cuál es el entonces, si esperamos hasta la noche de bodas para disfrutar la unión sexual con un solo hombre.

Sigue leyendo, amiga mía, y aprenderás que la bendición de Dios nos llega como tres hermosos regalos.

Escribe tu historia

En el Antiguo Testamento se hacían sacrificios de animales para expiación y alabanza. Ahora nuestro cuerpo debe ser un sacrificio vivo (Ro. 12:1-2). Detente un momento, lee el Salmo 63:1-8, y presenta tu cuerpo como un sacrificio de alabanza a Dios. A medida que David describe cada parte del cuerpo, alaba a Dios por ella, y conságrala a Él. Concéntrate de manera especial en el versículo 1, donde habla de su carne que anhela a Dios. Ora para poder resistir las pasiones mundanas. ¡Consagra este momento para alabarle con tu pureza!

Notas

1. Nathalie Bartle, *Venus in Blue Jeans* [Venus en pantalón] (Boston: Houghton Mifflin, 1998), 104-5.
2. Ed Young, *Pure Sex* [Sexo puro] (Sisters, Oreg.: Multnomah, 1997), 18. Este libro se encuentra publicado en castellano por Casa Bautista de Publicaciones, El Paso, Texas.
3. Edwin Louis Cole, *The Glory of Sex* [La gloria del sexo] (Tulsa: Honor Books, 1993), 35.
4. Ed and Gaye Wheat, *Intended for Pleasure* [Para el placer] (Grand Rapids: Revell, 1977), 53.
5. *Ibíd.*, 22.

14

La verdad acerca del sexo: Su faceta práctica

Historia memorable

Lauren Webb-Beckner habla acerca de esperar
Llevaba tres meses de vida cristiana cuando asistí a un pequeño retiro de fin de semana bajo la dirección de una joven mujer llamada Dannah Gresh. En ese momento salía con el joven que me había guiado a Cristo. Nunca se me había ocurrido pensar que su deseo de tener sexo conmigo se oponía al plan de Dios. Sin embargo, en aquel retiro aprendí que Dios tenía otro plan para mi vida, y que yo podía elegir entre seguir su camino o rechazarlo. Por fortuna, nunca había cedido a la presión de tener sexo, y rompí mi relación con él de inmediato. No fue fácil. Mi corazón sufrió, y en ocasiones quería correr de nuevo a buscarlo. Dannah me animó al decirme que Dios tenía un mejor plan. Y así fue.

En mi primer año de universidad conocí a un joven llamado Kevin Beckner. Era un hombre maravilloso que amaba a Dios. Él me dijo que ni siquiera pensaba besar a su novia antes de estar en el altar matrimonial. Yo dije: "¡Espero que tengas suerte en encontrar a esa chica!" No obstante, con el paso de los años nuestra amistad creció.

Durante un fin de semana viajé a Colorado con algunas amigas. Era una sorpresa planificada de antemano y yo lo ignoraba. Caminaba en la falda de una majestuosa montaña cerca de un lago cristalino, cuando de repente me topé con Kevin. En ese preciso lugar, el más hermoso que pudiera imaginar, él me propuso matrimonio. Fue más romántico de lo que jamás soñé.

Lauren Webb-Beckner, Missouri

Lauren fue la primera joven a quien aconsejé. Hemos permanecido en contacto durante años y el 5 de julio de 2003 asistí a su boda, ¡donde fui testigo del primer beso!

Prepararse para disfrutar
el don terrenal del sexo

n uno de mis retiros acerca de la pureza, veinte de nosotras y en pijama nos sentamos en círculo a la luz de las velas. Dios me había concedido esta espléndida oportunidad para explicarles a las chicas cómo pasar una noche de bodas sin reproches.

La pijama de algodón de Jenny se veía tan suave como su tez clara. Los hoyuelos en sus mejillas se hacían más notorios a medida que avanzaba en su discurso, y lo hacía con entusiasmo. Nos contaba un testimonio de cómo había llegado virgen al matrimonio, en cuerpo y mente.

"Salí con un chico durante cuatro años. Él había tenido varias relaciones sexuales antes de conocernos. Llegamos incluso a comprometernos, pero yo le dije que no cedería en eso", recordó, con un sentimiento de gratitud que se notaba en su voz. "La relación me causó un gran dolor después que él me dejó. Sentí que iba a terminar solterona. Un mes después de haber roto lo nuestro, él se involucró en otra relación sexual", dijo ella con sencillez.

Nos contó el gran alivio que sintió, pero también el gran dolor que venía como consecuencia de ignorar el plan de Dios para ella. Relató que en poco tiempo Dios trajo a su vida a Bryan. Guapo, atlético, carismático, vigoroso, y también virgen. La relación avanzó con rapidez hacia un compañerismo con Jesús lleno de vida. Su pasión por el canto y la afición de él por la trompeta les permitió complementarse.

"Alguien me obsequió un ejemplar de un buen libro cristiano acerca del sexo justo antes de casarnos", dijo Jenny. "Lo leí y quedé impresionada. ¡Vaya! Estoy impaciente. Recuerdo que leí algunas partes del libro en voz alta a mis papás, y que les hice preguntas. No sentíamos vergüenza. ¡Estaba ansiosa!"

Los ojos de Jenny brillaron aún más mientras hablaba de su pasión por Bryan. "Ya saben, bien podríamos tener una vida sexual cualquiera, pero es algo inimaginable, gozamos de una fiesta juntos", dijo con un gesto.

De algún modo —pensé—, Jenny y Bryan gozan de una vida sexual gloriosa, y lo creo porque Dios bendijo su pacto matrimonial.

En verdad me parece que si guardamos ese pacto para amar de manera exclusiva a alguien con todas las fuerzas de nuestro corazón y nuestro cuerpo, Él puede bendecir nuestra vida sexual sin medida, y más allá de

Becky Tirabassi habla acerca de la intimidad

Dannah:
¿Disfrutas más de la intimidad debido a tu intensa vida de oración y la de tu esposo?

Becky:
Siento que mi tiempo a solas me permite sanar heridas pasadas, dolor, estancamiento, pereza o egoísmo, para alimentar el deseo de suplir las necesidades de mi esposo.

Mientras más crece nuestro matrimonio, menos excusas busco en mi pasado para considerar mi inmoralidad o promiscuidad como razones para sentirme inhibida. Mi tiempo con Dios esclarece mi identidad y me permite satisfacer las necesidades de mi esposo sin acudir a mi pasado.

¡Deseo hacerlo porque lo amo tanto, y porque es un hombre tan puro!

lo que hayamos soñado jamás. Bryan y Jenny lo disfrutaban al máximo, lo cual se evidenciaba en su inmensa dicha.

"Tu desobediencia no aparta a Dios de tu vida. Aparta las bendiciones de Dios para tu vida". Esto dijo mi pastor, Tim Cook, el domingo pasado, y fue doloroso. Me di cuenta de que a pesar de aquella mala relación que sostuve en el pasado, Dios seguía presente. Sin embargo, como es justo, no podía bendecirme. Oh, cuánto anhela Dios bendecirnos. Y cuánto me bendijo cuando lo busqué y le rogué que me perdonara y sanara. ¿Quieres un ejemplo en verdad emocionante de cómo podrías ser restaurada? ¡Rahab! Sí, ¡Rahab la prostituta! Ella pertenecía al pueblo cananeo cuyo pecado era tan grave que Dios había decidido exterminarlos. Su pecado específico era de índole sexual. Sin embargo, Rahab se convirtió a Dios, quien le perdonó la vida cuando la tierra de Canaán fue conquistada. Pero la historia no termina allí.

> *"No quitará el bien a los que andan en integridad"*
> (RVR-60). (Sal. 84:11)

Ella se casó con un israelita y tuvo un hijo llamado Booz, quien tuvo un hijo llamado Obed, quien a su vez tuvo un hijo llamado David. ¿Ya lo ves? Jesús nació del linaje de David. Dios se fijó en la vida nueva y pura de Rahab, y le permitió pertenecer a la familia de Jesucristo. ¡Qué bendición! Él quiere bendecir tu vida.

¡El sexo es muy divertido!

Como dijo Jenny, Dios creó el sexo para que fuera tan placentero que nuestros sueños más osados serían escasos. Proverbios 5:18-19 dice: "¡Bendita sea tu fuente! ¡Goza con la esposa de tu juventud! Es una gacela amorosa, es una cervatilla encantadora. ¡Que sus pechos te satisfagan siempre! ¡Que su amor te cautive todo el tiempo!" (NVI, cursivas añadidas). ¡Cautivar! Me gusta esa palabra. ¿No te agrada la idea de ser la fuente de deseo de un hombre hasta el punto de cautivarlo? Josh McDowell me comentó que en el idioma original este versículo decía algo como esto: "¡Que te embriagues con su sexo!" ¡Vaya! Así que este versículo habla de embelesarse por el gozo que produce tener sexo con

Y ¿qué si tu pasado oculta malas decisiones?

tu esposo. Dios puede concedértelo. Esa bendición viene de estar en la presencia de Dios y esperar el tiempo señalado por Él para recibir el don de la unión sexual. ¿Quieres pruebas?

La revista Redbook publicó en una ocasión una encuesta realizada por Robert y Amy Levin. Estudiaron en profundidad la vida sexual de cien mil mujeres. Un grupo de sus encuestadas fue catalogado como "muy religioso". "Al parecer, las mujeres muy religiosas eran mucho más sensibles que otras mujeres de su edad", relataron. Era más probable que estas mujeres experimentaran "un grado superior de goce sexual y una mayor frecuencia de relaciones sexuales al mes".[1]

Por el contrario, quienes no lograron esperar solían enfrentar obstáculos en aprender a gozar de su vida sexual en el matrimonio. En el libro What Hollywood Won't Tell You About Sex, Love, and Dating, Greg Johnson dice que él y su esposa eran vírgenes por la gracia de Dios en el momento de casarse, pero que habían permitido cierto contacto físico. Debido a esta actividad sexual, ellos habían entrenado su cuerpo para alcanzar ese punto y luego detenerse. Ya casados, pasaron años antes de lograr ejercitar su cuerpo de nuevo para disfrutar la intimidad sexual y alcanzar el punto donde serían bendecidos con la fantástica diversión del sexo.[2]

No digo que el sexo fuera del matrimonio carezca de momentos placenteros. Sin embargo, es una imitación de la verdadera profundidad del placer que se puede experimentar en un matrimonio fiel, y puede en realidad minar el placer que gozas con tu esposo.

Dios desea llenarte de bendiciones inimaginables. No te pierdas de la gran diversión que ofrece el sexo. Si esperas i entonces será emocionante!

¡El sexo es para hacer bebés!

Dar a luz fue el logro más satisfactorio de toda mi vida, y presiento que nunca será igualado. Recuerdo un momento de gozo especial en circunstancias más bien humillantes. Una hora después del nacimiento de mi hermosa Alexis, me encontraba desnuda en una ducha donde una enfermera me limpió con suavidad. Fue maravilloso. Me sentí mimada. (Toda mujer debería recibir un baño similar en algún momento de su vida.) Mientras el agua tibia corría por mi cuerpo, recordaba cada molestia, cada pujo de dolor. Estaba tan ansiosa y llena de orgullo al pensar en regresar a casa y presentarle a mi pequeño niño una preciosa bebé. No había asomo alguno de modestia en mí. Recuerdo que deseaba abrir la puerta y reunir a todos para exclamar: "¿Saben lo que hizo este cuerpo? ¡Es asombroso!"

El Dios del universo te ha hecho partícipe de su increíble don de crear vida. No creo que alguien sobre este planeta pueda en realidad explicar por qué o cómo una diminuta célula redonda y un espermatozoide veloz pueden convertirse en una vida completa, pero esto es lo que ocurre gracias al don del sexo.

Por supuesto, es posible crear vida dentro o fuera del pacto matrimonial. Con todo, el comienzo de una vida es el acontecimiento más asombroso que jamás experimentes. Es digno de protegerse y preservarse libre de toda perturbación ocasionada por decisiones equivocadas fuera de tiempo. Si esperas, ¡entonces la llegada de una nueva vida será motivo de gran celebración!

¡El sexo realza la intimidad!

Cuando mi esposo y yo disfrutamos del gran regalo de la cercanía física, un cambio ocurre en nuestra relación.

Hablamos más. Nos ayudamos más. Nos abrazamos más. Nos desagrada alejarnos. Ansiamos vernos. Andamos cerca y hablamos como si volviéramos a los años de universidad. Soñamos. Confesamos. Reímos. Quedamos absortos en presencia del otro en el transcurso del día, ya sea que montemos en bicicleta con los niños, dictemos un curso bíblico, o lavemos los platos. Somos uno.

Génesis 2:24 dice que debemos dejar a nuestro padre y a nuestra madre, "unirnos", y ser "una sola carne". Esto resulta difícil de comprender, pero las parejas que gozan de la pureza en su matrimonio experimentan una "unidad" peculiar. Lo que agrava la incomprensión de esta realidad es la visión trivial del sexo que promueve hoy el mundo político y social.

Por desgracia, este regalo está en gran riesgo si tú practicas el sexo fuera del matrimonio. De hecho, con frecuencia he escuchado a jóvenes hablar acerca del sexo prematrimonial como algo que los apartó en vez de unirlos.

Por otra parte, si llevas una vida sexual activa antes del matrimonio, quizá tengas reminiscencias de otro compañero sexual en un momento que debería estar reservado solo para ti y tu esposo. ¡Qué triste es perder esos momentos preciosos e íntimos! Oh, ¡cuídate de esto!

La intimidad comienza en tu corazón, no en tu cuerpo. Dentro del vínculo matrimonial, el sexo crea y realza un nuevo nivel de intimidad que solo puede experimentarse entre dos amantes fieles y comprometidos de por vida.

En su esfuerzo por convencer al país de abrazar la abstinencia y rechazar el mensaje del sexo seguro, Kristine Napier escribió: "En el sexo no solo participan los órganos sexuales, sino el corazón y la mente. Limitarse a enseñar la parte mecánica del sexo y la anticoncepción, desconoce este hecho. Deja de lado la realidad de que la relación sexual significa amor total y compromiso, y compartir el don único y formidable del ser... Debemos ayudar a otros a comprender el lado humano del sexo, las cualidades emocionales y espirituales que posee como algo exclusivamente humano".[3]

A Dios le complace bendecirnos. Si permanecemos dentro de los límites de su pacto, Él se deleita en bendecirnos de tres formas.

Si esperas, *entonces* gozarás de una fiesta.

Si esperas, *entonces* tendrás bebés que serán motivo de gran celebración.

Si esperas, *entonces* serán uno. Conocerás una unidad privilegiada que pocos gozan. Comprenderás el gran misterio de cómo Dios puede tomar a dos y hacerlos uno.

Si esperas...

¡*entonces* serás bendecida!

Notas

1. Robert J. Levin and Amy Levin, *"Sexual Pleasure: The Surprising Preferences in 100,000 Women"* [Placer sexual: Las sorprendentes preferencias de 100.000 mujeres], Redbook 145 (Septiembre 1970), 52.
2. Greg Johnson and Susie Shellenberger, *What Hollywood Won't Tell You About Sex, Love, and Dating* [Lo que Hollywood no te dirá acerca del sexo, el amor y las citas amorosas] (Ventura, Calif.: Regal, 1994), 17-18.
3. Kristine Napier, *The Power of Abstinence* [El poder de la abstinencia] (Nueva York: Avon Books, 1996), 60-61.
4. Tim and Beverly LaHaye, *The Act of Marriage* [El acto matrimonial, publicado por Editorial CLIE en español] (Grand Rapids: Zondervan, 1976), 209.

¡Avanza un paso más!

En una encuesta realizada por Tim y Beverly LaHaye, en la que participaron tres mil trescientas setenta y siete parejas casadas y que comparó las que acostumbran orar juntas con las que no, se encontró que las primeras superaban en más del diez por ciento a las otras en lo concerniente a una vida sexual "muy feliz, por encima del promedio".[4] ¡Vaya! A Dios le agrada ser el centro de una hermosa relación matrimonial, y Él bendice esto con el grandioso regalo de la satisfacción sexual.

15

¡No más, Satanás!

Historia memorable

Dominique habla acerca de la sanidad interior
Asistí a una de las conferencias de Dannah. Recibí
sanidad. Me sentí pura. Un amigo de la familia abusó de
mí cuando tenía seis años, y ahora, casi a mis dieciséis,
acabo de contarles a mis padres. Sentía que por haber sido
violada Dios me señalaba por mi pasado sexual. Sin
embargo, después de asistir a la conferencia, sentí que Dios
me ve igual. ¡MUCHAS GRACIAS, DANNAH!

Dominique, Illinois

Encarar las consecuencias para encontrar sanidad

"¡Oye! ¡Nadie tiene por qué enterarse de esto!"

Entonces Dios le dijo a la serpiente: "Por esto que has hecho,
maldita seas, más que todo animal doméstico; ¡más que todo
animal salvaje! Mientras tengas vida, te arrastrarás sobre tu
vientre y comerás polvo de la tierra. Haré que tú y la mujer, sean
enemigas; pondré enemistad entre sus descendientes y los tuyos.
Un hijo suyo te aplastará la cabeza, y tú le morderás el talón". A
la mujer le dijo: "Cuando tengas tus hijos, ¡haré que los tengas

con muchos dolores! A pesar de todo, desearás tener hijos con tu
esposo, y él será quien te domine". Al hombre le dijo: "Ahora por
tu culpa la tierra estará bajo maldición, pues le hiciste caso a tu
esposa y comiste del árbol del que te prohibí comer. Por eso,
mientras tengas vida, te costará mucho trabajo obtener de la tierra
tu alimento. Sólo te dará espinos que te hieran, y la hierba del
campo será tu alimento. Muy duro tendrás que trabajar para
conseguir tus alimentos. Así será hasta el día en que mueras, y
vuelvas al polvo de la tierra, del cual fuiste tomado"… Luego
Dios vistió al hombre y a su esposa con ropas de piel.
(Gn. 3:14-19, 21)

*L*a casa de campo era el lugar perfecto para este retiro. Pijama, palomitas de maíz y una tina con agua
caliente eran lo que necesitaba para dejar atrás los
compromisos, el trabajo, y una casa sucia.

Durante doce horas me uní a muchas mujeres en un
esfuerzo por examinar lo más profundo de nuestro ser y buscar lo que aún causaba dolor. Para concluir la última sesión, la
persona encargada invitó a las mujeres a poner en práctica el
principio de soltar las cargas. Las invitó a recibir una verdadera sanidad mediante la confesión de secretos que habían estado ocultos durante mucho tiempo. Después de unos minutos
de tenso silencio, una mujer se puso de pie. "Tuve relaciones
sexuales antes de casarme. Mi esposo no lo sabe".

Lágrimas comenzaron a correr.

"Practiqué un aborto. Sentí como si mi alma nunca fuera
a sanar. Luego, tuve otro".

"He pasado de una relación a otra desde los trece años.
Soy adicta a los hombres".

"Nunca le conté a alguien que mi tío abusó de mí sexualmente".

Las mujeres se acercaron, hablaron y se animaron unas a
otras durante horas.

Abrazos.

Lágrimas.

Sanidad.

Libertad.

Vi cómo estas mujeres entre los treinta y los cincuenta años, piadosas, activas y miembros de iglesia, confesaron sus pecados secretos, y en ocasiones los ajenos, que todavía causaban gran dolor después de décadas. Muchas confesaron pecados sexuales. En su mayoría trajeron a memoria sus años de adolescencia. A medida que la sesión se prologaba durante horas de conversaciones, abrazos y llanto, observé cómo el semblante de estas mujeres se transformaba hasta reflejar paz. Ponían fin al chantaje que Satanás había usado para retener su libertad.

Me dirigí a la entrada de la casa de estilo campestre y me sentía insignificante al lado de las inmensas montañas vestidas de colores otoñales. Meditaba en lo que acababa de ocurrir.

El tiempo no había sanado las heridas.

Mantenerlas en secreto tampoco alivió el dolor que producían.

Una sencilla confesión mezclada con lágrimas les permitió a estas mujeres salir de su prisión y comenzar a sanar.

Algunos esqueletos de serpiente tienen piernas, como posible indicación de que alguna vez las tuvieron. Esto podría desconcertar a los científicos que creen en la evolución, pero no a mí. En mi caso, resulta divertido y fascinante. Dios nos dijo en su Palabra que Él privó de extremidades a la serpiente por haber servido como instrumento para Satanás. El castigo para ella fue la pérdida de sus extremidades.

Debes saberlo. Dios es justo y no pasa por alto las consecuencias de nuestro pecado… como lo prueban esos esqueletos. El hecho de tomar malas decisiones en tu vida sexual traerá consecuencias. No me refiero a embarazos, SIDA o enfermedades de transmisión sexual. Hablo del cáncer que carcome el corazón.

> *Josh McDowell habla acerca de la sanidad interior por pecados sexuales*
>
> *Dannah:*
> *¿Qué tan importante es la confesión para la sanidad interior por pecados sexuales?*
>
> *Josh:*
> *La considero vital. No creo que una chica pueda experimentar a fondo el perdón de Dios sin tener en cuenta a sus padres. No puede. Dios quiere expresar su perdón de manera audible por medio de la mamá, el papá, una hermana mayor, la esposa de un pastor, o alguien cercano.*

Dios perdona. Como lo dije en el capítulo 4, su perdón es inmediato. Sin embargo, ser perdonado no significa ser restaurado o sanado. Eva tuvo que aceptar las consecuencias de su pecado, que consistían en padecer dolor al tener hijos, y tener un deseo irrefrenable por su esposo, quien tendría autoridad sobre ella, o "estaría a cargo" de ella.

La consecuencia más lamentable del pecado sexual que he observado es que llega el día en que conoces y amas a alguien, y esa persona tendrá que escuchar tu confesión. En mi caso, ese día vino después de cinco años de matrimonio. Diez años atrás yo había entregado el regalo que Dios me había confiado solo para mi esposo. Durante esa década luché con la imagen de mí misma, mi valor en Cristo, mi sentido de integridad. Había tomado la decisión de contarle a Bob mi pecado antes de su propuesta matrimonial, o al menos antes de que yo pudiera darle una respuesta. Fue entonces cuando él me sorprendió con una propuesta de matrimonio sobre un escenario frente a dos mil personas, de la manera más romántica que jamás hubiera soñado. En pocas palabras, era un mal momento para sacar a la luz mi pasado oculto. Durante nuestro compromiso se presentaron muchas ocasiones en las cuales intenté decírselo. Y en los primeros años de matrimonio volví a intentarlo. Este pecado oculto me robaba muchos instantes de gozo. Leí muchos libros en mi afán por buscar una excusa para jamás contarle. Con el tiempo, llegué a convencerme de que podía relegar el asunto, como suele hacerse con un trasto viejo que se guarda en un cajón.

De repente, un día en que conducía el auto con mi bebé recién nacida en la parte trasera, escuché una entrevista del doctor James Dobson que trataba el tema de cómo criar hijas que fueran puras sexualmente. Solo escuché dos frases.

Dr. Dobson: ¿Cuál es la pregunta número uno que las niñas les formulan a sus madres?

Una mujer respondió: Mamá, ¿tú esperaste?

Mi corazón se rompió en pedazos en ese momento. Un día mi Lexi me haría esa pregunta. Esa noche me senté durante tres horas en una habitación oscura con mi esposo, hasta que una confesión mezclada con llanto brotó de mis labios. En ese preciso momento, y en los brazos tiernos de mi esposo, sentí alivio. Sentí sanidad. Sentí libertad.

Durante todos esos años de haberlo ocultado, actué como Adán y Eva en el huerto cuando cosieron hojas de higuera. ¡Qué patético! Esas hojas podían esconder su vergüenza, pero dudo que pudieran proveerles alguna comodidad o bienestar. Luego de buscarlos y confrontarlos con sus actos… el gran Dios del universo los vistió con ropa de piel. Tal vez si Él no lo hubiera hecho ¡ellos habrían pasado el resto de su vida buscando hojas nuevas de higuera para reemplazar las que se gastaban!

Si tú piensas que nadie necesita conocer tu pecado, crees una gran mentira de Satanás. Nunca comprendí esto por completo hasta este verano en que asistí a una conferencia. El orador leyó Santiago 5:16: "Por eso, confiesen sus pecados unos a otros, y oren unos por otros, para que Dios los sane".

Así, todo cobró sentido para mí. El perdón de Dios era inmediato. La sanidad era algo que vendría después gracias al apoyo de otros cristianos a medida que confesaban sobre mi vida el perdón amoroso de Dios.

Por extraño que parezca, a medida que empecé a confesar mi experiencia en pequeños grupos de estudio bíblico y reuniones de mujeres, descubrí que muchas de ellas también ocultaban en silencio y temor los errores del pasado. Con la ayuda de mi confesión, ellas tuvieron el valor para confesar y comenzar también el proceso de sanidad.

En otras palabras, comunicarlo te liberará, ¡y también lo hará con otros! No permitas que Satanás, con lo que sabe de tu pasado, te confine a vivir en silencio.

No digo que el mundo entero deba enterarse de tu historia, ni que tengas que publicarlo en un libro. (¿Puedes creer que Dios me pidió esto?) No obstante, busca hacerle tu confesión a una mujer que sea mayor y más sabia que tú, y que toma decisiones acertadas en la vida. Después de tu confesión a Dios, las personas a quienes debes confesar primero son aquellas que fueron afectadas de manera más directa. Sugiero que la primera sea tu mamá, pero si eso te parece imposible en este momento, elige a alguien más a quién confesar y de quien puedas recibir aliento y consejo para hablar algún día con tu mamá. Debes mostrarte muy discreta a la hora de elegir a esa persona, y pedirle a Dios que te guíe, pero no pierdas más años o meses de vida encubierta.

16

La pureza se fija en las llamas ardientes

Historia memorable

LaDel Brown habla acerca de la perla preciosa
Dirigí un retiro basado en Y la novia se vistió de
blanco para doscientas veinticinco chicas en mi región.
Sentí que debía insistir en la sesión que trata la renuncia a
las perlas falsas para adquirir la perla preciosa. Pocos meses
antes mi suegra había fallecido y justo antes de morir me
regaló varios collares de perlas. Le pregunté si le molestaría
que yo las usara en el retiro, y ella dijo: "¡Claro que no!
Como bien sabes, LaDel, lo que acumulamos en este
mundo no importa. Es lo que dejamos atrás lo que dejará
huella en la vida de las personas".

Comenté esto con las chicas, y mientras estaban senta-
das firmando su compromiso de renunciar a la etiqueta de
"perla falsa", comenzaron a derramar lágrimas, y una a
una se acercaron. A medida que tiraba la etiqueta en la
basura, les entregaba una perla de mi suegra. La extraño
mucho, pero sé que ahora doscientas veinticinco jovencitas
conservan una parte de su corazón, que las mantendrá en
la dirección correcta. Muchas gracias, Dannah, por este
grandioso material. Tengo pensado hacerlo cuantas veces
pueda.

LaDel Brown, California

157

Encontrar a alguien que te ayude

Hiciste un camino en el mar; te abriste paso entre las aguas,
pero nadie vio jamás tus huellas. (Sal. 77:19)

ecesito un abrazo —le confesé a mi esposo.
—Entonces ven aquí —dijo, al tiempo que se
acercaba al sofá.

Me rodeó con sus brazos, y me embargaron su aroma y su calor. Era un lugar seguro. Sentía que tibias lágrimas rodaban por mis mejillas a medida que me tranquilizaba con su abrazo.

—A veces piensas que eres bueno y que has procurado vivir de manera piadosa —susurré en tono de lamento—. Luego descubres que eres indigno de los privilegios que has recibido. En medio del silencio que siguió, el corazón de cada uno de nosotros habló. Él conocía mi sufrimiento secreto. Habíamos planificado aquella noche durante meses. Mi deseo era, es y será siempre llevar una vida pura, pero en la escuela secundaria me desvié de ese propósito hasta dejarme enredar por la lujuria. A diferencia de otros pecados, esos momentos de pasión desenfrenada habían atado mi vida a los pecados de otro, y de manera dolorosa. Debía llamar a alguien por última vez para cortar lo que quedaba del lazo que nos unió. Después de quince años, llamé a Miguel para pedirle perdón y para ofrecerle el mío. Fue un acto final para cortar con el pasado, pero no estuvo exento de molestias. Cualquier arrebato de pasión juvenil no se comparaba con la agonía que sentía ahora en mi corazón.

—¿Quién soy yo para escribir este libro? —lloré.

—Dannah —dijo mientras mecía mi cabeza entre sus manos—. ¿Quién más tiene esa pasión? ¿Quién más comprende el dolor? ¿Quién más habla de la gloria? ¿Quién?

—Pero… —protesté.

—Tú fuiste quien me llevó a una vida más elevada, como ninguna otra chica con quien salí. Tú fuiste decidida, fuerte, y pura —afirmó—. Eso es todo lo que sé de ti. Eso es todo lo que me interesa.

—Pero... Puso su mano en mis labios.

Me había esforzado durante años para llevar una vida pura, pero en ese momento sentí que demonios de lujuria y orgullo me acosaban con sus recuerdos. Sentí como si trajeran legiones de sus amigos despiadados para rodear mi hogar.

Sin embargo, ángeles peleaban con igual intensidad, y preparaban el escenario para ganar una batalla por mi vida. El ruido del teléfono rompió el silencio. Era Meghan. Ella es una de "mis chicas". La conocí en uno de mis retiros, y trabajamos juntas para restaurar la pureza, el contentamiento y la integridad en su vida. No es una batalla fácil. La bulimia y la anorexia la atormentaban. El corazón roto que deja una relación pasada causa suficiente dolor para prorrumpir en llantos frecuentes. No había tenido noticias suyas durante semanas, y empezaba a sentir que ya no me necesitaba para seguir adelante. Su llamada probó lo contrario.

—Tengo tanto qué contarte —dijo—. Estoy muy bien, pero necesito hablar.

—¿Qué te parece el jueves? —pregunté.

—Listo —respondió.

Me metí en mi cama con la convicción de que Dios me usaba a pesar de lo que soy, no por lo que soy. Este ministerio no es mío. Es de Él. Poco sabía yo que en la mañana siguiente de aquel tenebroso día, Él derramaría su Espíritu para confirmar mi utilidad, su dirección omnipresente, y tu secreto final.

Fue anoche. En pleno trabajo con este libro, estoy convencida de que Dios escribió este capítulo en mi corazón esta mañana. Confesé de nuevo mi pecado y reconocí mi sentimiento de inferioridad. Le di gracias por la llamada de

¿Qué tan mayor? ¿Qué tan sabia?

Un programa llamado "Mejores amigos" en la ciudad de Washington, D.C., alienta a los estudiantes de quinto a décimo grado a animarse unos a otros a fin de conservar su virginidad. ¡Y funciona! En una encuesta de seguimiento realizada en 1990, ninguna de las chicas que pertenecían al programa inició su vida sexual, comparado con el treinta y siete por ciento del grupo de control.[1] Recuerda que estas jovencitas no pasaban del grado noveno, y sin embargo, la mutua colaboración resultó eficaz. Una de las mejores consejeras que conozco es una estudiante de los últimos años de secundaria llamada Lauren Webb. Casi siempre, cada vez que pregunto, alguna chica del grupo juvenil me dice: "Bueno, Lauren me dijo que…". Ellas reciben su consejo y permiten que ella les pida cuentas de sus actos. Ella es una llama ardiente grandiosa. El requisito de ser "mayor" y "más sabia" puede ser cuestión de unos pocos años. Solo asegúrate de que ella toma decisiones correctas en su vida. No hablo de tener una amiga más. Hablo de tener a un guía.

Meghan que me animó, y luego abrí mi Biblia para leer el Salmo del día. Y allí, al final del Salmo 77, Dios me reveló la gran verdad del versículo 19, como solo Él sabe hacerlo. "Hiciste un camino en el mar; te abriste paso entre las aguas…" (cursivas añadidas). El salmista alude al momento en que los israelitas cruzaron el Mar Rojo, y este se dividió ante la señal de Moisés. Dejaban una tierra de esclavitud para encontrar la tierra que Dios les había prometido. El salmista señala que Dios fue quien dividió las aguas, aunque usó las manos levantadas de Moisés. Sin embargo, luego escribe: "pero nadie vio jamás tus huellas".

¡No vieron las huellas de Dios! ¡Las pisaron y nunca las vieron! Qué triste. Dios dejó en el camino sus propias huellas majestuosas mientras los torpes israelitas se abrían paso a lo largo de la superficie fangosa, y estiraban el cuello para constatar que Moisés tuviera las manos en alto. En su amor, Dios les concedió ver las manos de Moisés, porque sabía que lo necesitaban para seguir sus huellas.

Cada vez que pienso en Moisés, me acuerdo del arbusto que ardía en llamas, y la pasión que esto le imprimió a su vida. Él tomó parte del poder divino que recibió en aquella ocasión y la usó para ayudar a muchos. Cada vez que pienso en las mujeres que fueron en mi vida como Moisés, pienso en una llama ardiente y fogosa.

Pensaba en las mujeres que durante años me han animado y guiado a través de sendas áridas... pecaminosas... aburridas... desesperanzadoras... antiguas. Algunas de ellas me dieron palabras de ánimo. Otras me reprendieron. Otras me obligaron a tomar decisiones. Y siempre, en los momentos cruciales de mi vida, he tenido un "Moisés", como una llama ardiente. Pensé en las ocasiones en que tropezaba o estaba en terreno peligroso y noté la ausencia de alguien que afectara mi vida de manera positiva. Noté que siempre el aislamiento antecedía las malas decisiones que estancaban mi vida en una situación contraria al plan de Dios para mí. Tomé mi diario y escribí un poema sencillo acerca de mis llamas ardientes y cuánto las necesitaba.

Me senté a meditar en el papel que jugó Moisés como llama ardiente. Luego, ¡Dios me dio algo más! Comencé a estudiar el libro titulado Mi experiencia con Dios: Edición juvenil, con el grupo de jóvenes. Adivina cuál es el tema de la lección 2, en la segunda semana. Moisés. (¡Es grandioso ver cómo Dios planifica todo!) Comienza con estas palabras: "¿Quien liberó a los hijos de Israel de Egipto? ¿Moisés o Dios? Dios lo hizo. Dios escogió a Moisés para que gozara de una relación con Él a fin de poder liberar a Israel".[2] ¡Vaya!

Moisés no era el protagonista.
Dios era el centro de todo.

En este libro yo no soy el centro.
Solo Dios.

Espero que hayas comenzado o seguido tu viaje hacia la

tierra prometida de Dios que es gozar de una unión sexual. Es probable que exista un hombre que te espera para ser uno contigo, al igual que tú aguardas llegar a ser uno con él. Espero haber sido para ti una llama ardiente que comunica la pasión de seguir las majestuosas huellas de Dios.

Sin embargo, pronto cerrarás las páginas de este libro y ya no verás mi pasión ardiente.

Busca una llama que arda.

No lo hagas mañana o la próxima semana. Pídele a Dios ahora mismo que te guíe para encontrar una llama ardiente que te brinde aliento y dirección.

Los requisitos son:

> Que ella tome decisiones correctas en su vida presente (una vida recta).

> Que sea mayor y más sabia.

> Que esté cerca para vigilarte y tú puedas observar su vida.

> Que arder para ti la llene de emoción.

Escribe tu historia

Toma tu diario y escribe algunos nombres de personas que ardieron con fuerza para ti en el pasado. Anota los nombres de algunas mujeres que podrían cumplir los requisitos anteriores. Elige a una de ellas para buscarla. ¡Escribe tu petición a Dios de que su corazón arda para acompañarte en esto!

> Amiga, encuentra una llama ardiente.
> Y prométeme que cuando alguien te busque
>   a ti…
> sin importar tu edad
> sin importar tus errores pasados
> sin importar cuán ocupada estés
> sin importar cuán inferior te sientas
> Tú te convertirás en una llama ardiente
>   para ella.

Notas

1. Kristine Napier, *The Power of Abstinence* [El poder de la abstinencia] (Nueva York: Avon Books, 1996), 89-90.
2. Henry T. Blackaby y Claude V. King, *Experiencing God: Youth Edition* [Mi experiencia con Dios: Edición juvenil] (Nashville: Lifeway Press, 1994), 27.

17

El pago de la perla continúa

Usar los siete secretos después de tu boda

Y si alguno prevaleciere contra uno, dos le resistirán; y cordón de tres dobleces no se rompe pronto (Ec. 4:12, RVR-60)

No cierres este libro para decir: "Dannah tiene una vida de cuento de hadas". Sí hemos atesorado recuerdos hermosos y románticos de los primeros catorce años de mi matrimonio, pero está lejos de ser perfecto. Ningún matrimonio está exento de dolor. En muchas ocasiones Bob y yo nos hemos lastimado. Hemos luchado para perseverar en la pureza en nuestra vida, y en ocasiones hemos fallado. En una ocasión, lo único que nos ha unido es Jesús. Recuerdo haber escrito en mi diario: "Mi cordón está rasgado. Señor, tú eres el único en este 'cordón de tres dobleces' que se mantiene" (Creo que a Dios le agradó esa confesión. ¡No tardó en reparar nuestros cordones rotos y tejer un hermoso lazo firme!)

El matrimonio no es fácil. De hecho, estoy muy agradecida por los siete secretos que Dios me confió durante los años de noviazgo. Todavía los uso todo el tiempo.

> Aún debo recordar que la pureza es un proceso, porque todavía me equivoco y tengo que volver al camino.

165

Todavía necesito recordar que la pureza sueña con su futuro, porque eso mantiene la frescura de mi matrimonio. (Tengo ese loco sueño de una celebración sin precedentes para uno de nuestros aniversarios... el día en que podamos pagarla. Soñar en eso me mantiene enamorada de Bob. Y aunque parezca tonto, sueño con sentarnos en una mecedora a la entrada de nuestra casa con nuestros bisnietos en el regazo.)

Todavía debo recordar que la pureza se rige por su valor, pues podría comprar en almacenes prendas inapropiadas, o descuidar el comportamiento decoroso frente a mi esposo. (¡Es importante conservar cierto misterio!)

Todavía debo recordar que la pureza habla con valentía, a fin de animar a Bob a mantenerse firme en la vida espiritual. Él hace lo mismo por mí.

Todavía debo recordar que la pureza se fija en las llamas ardientes. Mantengo una estrecha relación con mi mamá, Kay Barrer, quien es mi llama ardiente predilecta. Mujeres como mi amiga Tippy Duncan me han ayudado a permanecer fiel y tomar buenas decisiones en mi matrimonio. A diario expongo mi vida a llamas ardientes que ni siquiera me conocen, como la escritora Becky Tirabais, quien me convenció de que la oración podía cambiar mi vida. (Así fue.) Escucho todos los días la música de Sara Groves que me enseña a adorar en el trono mismo de Dios. He aprendido que pasar por alto la dirección de llamas ardientes como ellas resulta perjudicial. De modo que las persigo con gran insistencia.

Todavía debo recordar que la pureza acepta el consejo sabio, porque mi familia todavía me enseña acerca de quién soy, y cómo encaja con la identidad de Bob. Lo mismo sucede con él y su familia.

Y ante todo, debo recordar siempre que la pureza ama a su Creador a toda costa. Ahora que tengo un pacto con un hombre, mi fidelidad a él refleja mi fidelidad a mi Creador.

En este momento estoy sentada en un condominio a una hora de distancia de mi casa. Acabo de terminar este libro. Me atrevo a decir que también es un gran descanso de los innumerables compromisos que Bob y yo asumimos en el presente. Las últimas semanas han sido muy tensas, pues procuramos cumplir con nuestra apretada agenda. Anoche pasé una hora en el teléfono con Bob "discutiendo" de quién era la culpa... suya o mía. Terminamos la conversación con una oración, pero ambos nos sentíamos enojados e intranquilos después de colgar. Esta mañana busqué a Dios para decirle cuán egoísta había sido mi esposo. (¡Ja!) Fui en extremo sincera. "Dios, estoy muy enojada con él. ¿Cómo puedo estar de acuerdo contigo si estoy tan segura de su error?" Entonces abrí mi libro devocional You're the Voice [Tú eres la voz] escrito por Rebecca St. James, y que leo con Lauren, una de las jovencitas a quienes aconsejo. El título de la lectura para este día fue: "Primero tú, luego yo". Hablaba acerca del egoísmo. Me convencí de mi error. Yo era quien se comportaba de manera egoísta, así que llamé a Bob para disculparme. Por alguna razón, nuestra conversación terminó en otro desacuerdo.

Lloré. Parecía imposible arreglar la situación.

—Quizá debamos colgar —sugerí con toda la calma posible después de pasar quince minutos en discusiones vanas—. Cada vez me enojo más, y la verdad es que necesito claridad en mi mente. No puedo hacerlo si no estamos unidos.

Hubo una pausa larga.

—Dannah, no quiero pelear. Estamos unidos —respondió Bob—. Ambos amamos al Señor, y estamos comprometidos por igual a amarnos. Olvidemos la primera parte de esta conversación. Lo arreglaremos.

Y así fue. Y muy pronto.

¿Por qué? Porque Jesús es el centro mismo de nuestro amor.

Él estaba antes de conocernos.

Él estaba antes de salir juntos.

Y siempre estará presente.

Nuestro amor no es más que el reflejo de nuestro fiel amor por nuestro Creador… la Perla de gran precio.

Hace poco, Bob puso esta nota en mi maletín antes de salir a dirigir un retiro acerca de la pureza.

Amor mío:

Tú eres mi perla preciosa. Valoro cada instante que paso a tu lado. Estoy ansioso por verte mañana y pasar todo el fin de semana contigo.

Te amo,

B

Que nuestro matrimonio, y el tuyo, reflejen nuestra devoción por la Perla preciosa. Él lo cuesta todo. Y bien vale su precio.

Apéndice **A**

Entrevistas del corazón

Cinco celebridades cristianas hablan acerca del amor, el sexo y las citas amorosas

Estos cristianos famosos y maravillosos se tomaron el tiempo para darnos a conocer sus pensamientos. En este libro seleccioné apartes breves de cada entrevista. Son tan provechosas que me gustaría que las hubieras escuchado todas.

Steven Curtis Chapman
Cantante y compositor

Conocí a Steven Curtis Chapman en su inmenso y hermoso ómnibus. (Sus músicos andaban por ahí en la parte delantera, y veían dibujos animados.) Me centré en su relación con su hija adolescente, Emily. Al igual que tú, la relación con su padre es vital para tener relaciones sanas con otros chicos. Miremos un poco su labor como padre.

Dannah: Cuéntame acerca de tu hija, Emily.

SCC: Cada vez que hablo acerca de mi familia, procuro ser muy franco. Cuando digo que Emily es la jovencita de trece años más especial del mundo, no lo digo porque sea su padre. Mi esposa y yo no cesamos de repetirnos lo que es ella a pesar de nosotros, no gracias a nosotros. Ella tiene un corazón misionero. Con el dinero que recibió en Navidad, se compró un libro

169

acerca de las adopciones en otros países. Ahora mismo insiste con gran vehemencia que su madre y yo adoptemos a un bebé de otro país. Esto te da una idea del tipo de chica que es Emily.

Dannah: ¿Cuál es la actividad preferida de los dos?

SCC: Es difícil mencionar una en especial. Nos agrada andar juntos. Una de mis actividades predilectas es acostarla en su cama. Subo y oro con ella. Algunas de nuestras mejores conversaciones tienen lugar en la noche. Sus hermanos no están por ahí con sus locuras, y ella comienza a hablar.

Me encanta llevarla a los entrenamientos de baloncesto. Ella tiene que llegar a las 6:30 a.m. A veces no intercambiamos una sola palabra. A veces hablamos mucho.

Dannah: Muchas estadísticas confirman que las chicas buscan sexo si no reciben afecto de sus padres. Sin embargo, a la edad de once, doce o trece, comienzan a buscar su individualidad y su propio espacio. Al ver que hay padres como tú algunas chicas con quienes trabajo dicen: "Desearía tener un papá como él". Ellas no se dan cuenta de que en parte provocan esa separación de sus padres. Y que también eso los lastima a ellos. En realidad no puedo influir en los padres, pero me pregunto si algo de lo que tú observas en la vida de tu hija, como decisiones que toma, o comportamientos... contribuyen a edificar la relación.

SCC: Emily nunca ha sido el tipo de niña delicada y susceptible. Eso nos pareció difícil en un principio. Incluso después de nacer solo quería estar en su propia cuna. Al instante me pregunté cómo podríamos expresarle el afecto que necesitaba sin sofocarla. El reto para mí ha consistido en dejar que ella elija el momento apropiado. Vamos a participar en un pequeño campeonato de pelota, y sé que en algún momento me asestará un golpe. Ella es quien ataca. Luego, trato de aprovechar eso tanto como puedo. Lo veo como una iniciativa suya.

Y por lo que observo, creo que ella confía en nosotros. Ella nos cree cada vez que le decimos: "Emily, sin importar lo que pienses o sientas... nosotros ya hemos pasado por ahí". Es un gran paso que una niña confíe en su madre, y más aún en su padre... y que les permitas ser partícipes de lo que sucede en su vida.

Recuerdo que una noche ella llegó a casa y pudimos notar algo en sus ojos. No pasó mucho tiempo antes de que ella se rindiera, abriera su corazón y nos contara todo. Luego preguntó: "¿Están enojados conmigo?" ¡Hasta eso nos confió! Todos exclamamos: "No, Emily, más bien nos sentimos orgullosos de ti". (¡Gracias Señor!) Ella confía en nosotros. Fue su elección.

Dannah: Esta última pregunta es acerca de ti. Has llevado una vida cristiana que constituye un ejemplo para muchos, aunque sabemos que sin distinción siempre seremos tentados. Has tomado decisiones para llevar una vida pura. ¿En qué momento podrías llegar a afirmar: "Elegí el camino de la pureza en mi vida, y me siento orgulloso de eso"?

SCC: Bueno, nuestra vida abunda en momentos así. ¿Hmm? Solo vacilo al pensar: "¿Qué tan sincero quiero ser?" Hace mucho tiempo tuve una relación. Era libre para hacer lo que me placía, y por primera vez estaba solo. Salía con una chica. No era una relación muy seria. Nos besábamos y permitimos ciertas cosas. Con todo, siempre supe que iba a guardarme. Quería que mi noche de bodas fuera la primera vez para disfrutar esa intimidad, con mi esposa. No obstante, sabía que en esa relación ella estaba dispuesta a todo si yo así lo quería. Fue como un balde de agua fría en mi cara. No fue siquiera una opción. No puedo decir que me ufané de ese momento, aparte de que Dios me había preparado para afrontarlo. Por un instante me dejé llevar. Era un joven de diecinueve años, y una luz llegó para decir: "Piensa en todas las consecuencias físicas, emocionales, y espirituales". Ese fue el comienzo del fin de aquella relación. Dios había formado en mí una base realmente firme. Le doy gracias porque el sexo fue algo maravilloso en mi noche de bodas, porque me guardé para esa noche. Le doy gracias a las personas que Él puso en mi camino y me ayudaron a construir esas bases.

Materiales de SCC sugeridos por Dannah:

Steven Curtis Chapman's Greatest Hits *[Las mejores canciones de Steven Curtis Chapman]*

Este disco incluye algunas de sus mejores canciones. Escucha con atención la letra de la canción titulada "For the Sake of the Call" [Por el llamado], y luego escucha "The Great Adventure" [La gran aventura]. Observa cómo vale la pena pagar el precio de seguir a Cristo.

Josh McDowell
Cruzada estudiantil para Cristo

Josh McDowell accedió a que nos encontráramos en un restaurante repleto y ruidoso durante una de sus conferencias "Extremas" en 1999. Llevaba una camiseta deportiva y se tomó un refresco, mientras comunicaba la abundancia de su conocimiento acerca del tema del sexo. Él ofrece consejos sabios sobre cómo podemos animarnos y protegernos mutuamente.

Dannah: Muchas jovencitas han cometido pecados sexuales y parecieran encerrarse en el chantaje al cual Satanás las somete.

Josh: Ninguna chica puede experimentar un verdadero perdón sin la ayuda del Cuerpo de Cristo. Por nuestra parte, debemos comprometernos a controlar nuestra lengua, a fin de dar lugar a dicha confesión.

Dannah: Muchas jovencitas a quienes conozco piensan que la pureza es un punto fijo. El problema es que algunas que son vírgenes desde el punto de vista médico, llevan una vida muy impura, aunque se consideran puras. Por otro lado, hay algunas que tratan de comenzar de nuevo, pero se sienten demasiado impuras. ¿Qué les dirías?

Josh: En Romanos 8 Pablo habla acerca de andar conforme al Espíritu. No es una sugerencia ni una opción. Pablo dice: Si eres guiado por el Espíritu… si andas conforme al Espíritu. Esto no significa que estemos exentos de momentos de carnalidad. Sin embargo, tu vida se caracteriza por la espiritualidad. Tampoco se traduce en la ausencia de arrebatos de carnalidad. Por eso [Juan] nos dice: "Pero si reconocemos ante Dios que hemos pecado, podemos confiar siempre en que él, que es justo, nos perdonará y nos limpiará de toda maldad". Con todo, lo espiritual debe prevalecer en tu vida. Llevar una vida pura no significa la ausencia de maldad en la vida de alguien. Tal vez una persona pura comete impurezas, pero estas se confrontan de manera bíblica. Se confiesan. Eso es una vida pura. No es una opción.

Dannah: Entonces, ¿en qué punto animarías a las jóvenes a trazar "la línea" del contacto físico permitido?

Josh: Esta sociedad piensa que si no hay penetración vaginal, no hay sexo; 1 Tesalonicenses 4 dice: "Dios quiere que ustedes sean santos, que no tengan relaciones sexuales prohibidas... Deben dominar sus malos deseos sexuales, y no portarse como los que no creen en Dios". Cualquier comportamiento que suscite en el otro el deseo de ir hasta el final... es impureza. A veces tomarse de la mano es demasiado. Si pasas tiempo con una chica que proviene de un hogar destruido, el simple hecho de tomar su mano puede provocar en ella el deseo de continuar hasta el final. Si piensas en alguien que ha tenido un padre amoroso, una madre y un padre felices, un beso no podrá despertar ese deseo... Incluso una broma, o una conversación, puede excitar el deseo de consumar una relación sexual. Por mi parte, les enseño a mis hijos a obrar con suma discreción.

Dannah: ¿Cuál es la mejor razón para llevar una vida pura?

Josh: No existe un solo pasaje en la Biblia que considere el sexo como algo pecaminoso. Punto. Ni uno solo. Existen muchos que hablan acerca del mal uso del sexo como algo pecaminoso, pero no hay un solo versículo que afirme que el sexo en sí lo sea. Las Escrituras abundan en descripciones alusivas al sexo. Proverbios 5:19 dice: "¡Que sus pechos te satisfagan siempre! ¡Que su amor te cautive todo el tiempo!" (NVI). ¿Interpretas la Biblia de manera literal? ¡Sin duda me agrada aplicarlo en este caso! Que sus pechos te satisfagan siempre. La palabra hebrea para cautivar significa "embriagar siempre". Lo que dice es: Que sus pechos te satisfagan siempre y te embriagues con su sexo.

El sexo es tan hermoso que vale la pena protegerlo.

Materiales Josh McDowell que Dannah recomienda:

The Love Killer [Asesino del amor]

Esta historia entrelaza grandes verdades. Responde a la pregunta: ¿Cuál es el secreto para que tu amor perdure?

*Rebecca St. James
Cantante y compositora*

Al cabo de tres intentos, por fin logré entrevistar a Rebecca. Primero viajé a Gatlinburg, pero una ventisca me retrasó y perdí la cita. Luego habíamos acordado hablar el día en que ella iba a cantar durante la visita del Papa a San Louis, pero en esa ciudad extremaron las medidas de seguridad por la presencia del Papa, y fue imposible. Por fin, recibí una llamada telefónica. "Hola, ¡soy Rebecca!", dijo. Después de orar juntas, por fin nos dio entrada a su mundo de esperanzas y sueños de un futuro esposo.

Dannah: ¿Tienes alguna idea del hombre con quien te casarás? ¿Una meta? ¿Un sueño?

Rebecca: Bueno, sí. No cabe duda de que tengo cierta noción de lo que podría ser. Me lo imagino como un hombre tan lleno de amor por Dios que me resulta hermoso y admirable. Pienso en un hombre que me guía y es un reto para mi vida. Tiene que ser un líder espiritual para mí. Así lo considero, porque estoy segura de que será un hombre conforme al corazón de Dios, y que la pureza también será importante para él. Él va a esperarme. Eso me consuela mientras yo también espero.

Dannah: ¿Es difícil para ti? ¿Tienes luchas?

Rebecca: Claro que sí. Luchas con la soledad… en especial durante mis años de adolescencia. En ese entonces acababa de llegar de Australia… el otro lado del mundo. No conocía a nadie aquí. No tenía amigos. Fui educada en casa. Solo pasaba tiempo con amigos en la iglesia o en el grupo juvenil. Y allí, cada uno ya tenía sus propios amigos. No me necesitaban. En la vida que llevo ahora… el ministerio que Dios me ha dado… puedes estar con muchas personas y sentirte solo o anhelar la compañía de alguien que en realidad te comprenda. La soledad me lleva a buscar a Dios. Él es el único amigo que en realidad comprende y que siempre está presente. No puedo vivir un momento diferente de mi vida del presente. Puedo mirar hacia el futuro, pero no puedo vivir en función de él. Vivo el aquí y ahora para Dios, y le entrego todo lo que soy. Tampoco vivo con el afán de estar con alguien más.

Dannah: ¿Cuál es la bendición que consideras mayor y más evidente de llevar una vida de pureza?

Rebecca: Creo que la pureza es algo muy hermoso. Pienso en la madre Teresa. Aunque no tenía una apariencia asombrosa, había una gran pureza y hermosura en ella. Algo que Dios me ha puesto en el corazón es animarme a ser hermosa en mi interior, en mi corazón. Es como si dijera: "Guardo mi vida para esa persona y puedo crecer en hermosura para él".

Algo que digo en mis conciertos es que si las personas cometen el error de tener sexo fuera del matrimonio, es posible "reciclar" la virginidad. Hay una segunda oportunidad. Pueden restaurar su pureza a los ojos de Dios. Dios nos perdona y purifica, y restaura nuestra vida. He notado que esta idea tiene mucha acogida. Las personas son receptivas al mensaje de la pureza más que a cualquier otro.

Materiales de Rebecca St. James que Dannah recomienda:

You're the Voice: 40 More Days with God *[Tú eres la voz: 40 días más con Dios]*

Este gran libro devocional te ayudará a lograr la constancia en tu vida de oración, si luchas con ello. Si ya tienes una vida de oración grandiosa, también te ofrece la profundidad necesaria para perfeccionarla.

Joshua Harris
Autor de Le dije adiós a las citas amorosas

¡Joshua se casó! (¡Y lo logró sin citas amorosas!)
Lo encontré una noche en su casa mientras cuidaba a su esposa, Shannon, quien se recuperaba de una gripe. En esta entrevista habla acerca de la faceta romántica de la soltería.

Dannah: Después de establecer en tu vida la norma de "decirle adiós a las citas amorosas", ¿toda inclinación o deseo del corazón desapareció de manera automática? ¿O todavía costaba mucho?

Joshua: Oh, claro que sí. Lo más difícil de esperar el tiempo de Dios y someter ese aspecto de tu vida a Él, es confiar en que Él realmente planifica lo mejor para ti. Con respecto a las relaciones, la lucha siempre está en preguntarse: "¿Debo dejar esto en las manos de Dios, o hacerme cargo del asunto?" Creo que para las chicas es una lucha mayor. Ellas comienzan a pensar: Si no hago que suceda algo, si no comienzo a manipular... Lo terrible de esto es que en ocasiones esto atrae al chico. Quizás obtienes lo que deseas en el corto plazo, pero nunca en el largo plazo. Eso sucede porque lograste atraer al joven, pero por motivos erróneos. O tal vez persigues algo en el momento equivocado de tu vida, y aunque resulta bueno por un rato, a la larga te das cuenta de que te desvió del camino que en realidad debías seguir.

Dannah: Algunas jovencitas a quienes conozco piensan que el precio es demasiado alto. Creen que abstenerse de citas amorosas o esperar en Dios es demasiado difícil. ¿Qué les dirías?

Joshua: Debe ser algo que nazca del corazón, o no pasará de ser un montón de normas. Yo les haría unas cuantas preguntas. ¿Cuál es su motivación para buscar esa relación? ¿Cuál es su objetivo? Si no tienen una relación con Dios, o si esta no concentra toda su energía y pasión, si esa no es la motivación que las mueve, no podrán lograrlo. Suena duro y difícil. Las personas a quienes conozco y no están en el plan de buscar aventuras amorosas no adoptan la actitud de víctimas. Es algo que produce gozo, siempre que la motivación consiste en procurar el plan perfecto de Dios. Si esa es tu razón para hacerlo, no resulta gravoso.

Lo que el mundo puede ofrecer, como romances pasajeros y citas amorosas los viernes, puede resultar emocionante y placentero por un tiempo. No obstante, también tienes que ver hacia el futuro. No se trata solo del momento. ¿Los frutos de tu manera de vivir realmente producen el gozo y la satisfacción que anhelas?

Muchos hemos olvidado lo romántico que es esperar. Creo que la soltería y la ausencia de compromisos puede ser algo muy romántico. No esperas porque sí... sino por alguien.

Dannah: ¿Cuál es el regalo más maravilloso que Dios te ha dado como resultado de tu elección de llevar una vida pura?

Joshua: Trae tanta libertad. No hablo de una actitud arrogante, porque al pensar en las normas divinas no puedo verme como alguien puro o santo. Sin embargo, buscar una vida de pureza produce una inmensa libertad. En aquellos momentos de mi vida en que no cumplí con esto, solo observo la esclavitud del pecado. Las personas que no aspiran a vivir en pureza a veces piensan que quieren ser libres. Lo que no consideran es hasta qué grado la impureza esclaviza. Usurpa el precioso regalo de la intimidad y lo pervierte. Te esclaviza mientras tú te sometes a sus deseos lujuriosos. En cambio, una vida de pureza te ofrece una gran libertad. Hace cinco meses me casé. Esa fue la primera vez que disfruté el regalo de la intimidad sexual con mi esposa. Gozamos de total libertad. Libertad de la culpa. Libertad de remordimientos. Vivir en pureza trae libertad.

Materiales de Joshua que Dannah recomienda:

Le dije adiós a las citas amorosas

Si estás cansado del juego de las citas amorosas, dile adiós. Joshua presenta los secretos para disfrutar de la verdadera pureza y de una soltería con propósito.

Becky Tirabassi
Autora de Let Prayer Change Your Life
[Que la oración cambie tu vida]

Becky Tirabassi es una de mis motivaciones para escribir este libro. Su llamado a orar una hora diaria cambió mi vida. Empecé a escuchar la voz de Dios con una fuerza sin precedentes. La busqué para una entrevista durante meses y al fin logré hablar con ella unos minutos antes de que tomara un avión para un compromiso de predicar. Aquí presento algunos comentarios provechosos para ti.

Dannah: ¿Qué tan importante es la confesión a otros en el proceso de sanidad interior?

Becky: Bueno, creo que al sacar a la luz la verdad acerca de ti misma y acerca de tu pasado, ya no puede volverse más una mentira. Después de confesar, la confusión o la vergüenza desaparecen. Comienzas a verte como una persona nueva, y el enemigo no puede usarlo en tu contra. Santiago 5:16 dice: "Confiesen sus pecados unos a otros… para que Dios los sane". La confesión… es el inicio de tu sanidad. Además de perdón, aquí encuentras sanidad. Es casi como diezmar. No sabes lo que obtendrás ni cómo. De modo que solo das el paso. Hay algo al otro lado que te libera de la vergüenza y trae sanidad.

Dannah: ¿Qué consejo les darías a las jovencitas cuyas madres no están dispuestas ni se sienten cómodas para hablar de sexo?

Becky: No todas las madres e hijas tendrán una buena comunicación. En esos casos, tal vez puedas apoyarte en la mujer encargada del ministerio juvenil, o en otra mujer de Dios a quien estimes. Con todo, a lo que te animo de corazón... es a permanecer en la Palabra de Dios. Es vital. Debes pedir la dirección divina. Puedes pasarte la vida entera en busca de dirección en un hombre, un esposo, o alguien más. Pero más que eso, necesitas verlo todo a través de la Palabra, en especial si tus padres ni siquiera son cristianos. La Palabra de Dios debe hacer parte de tu vida diaria, y con ella debes examinar todo lo que venga a tu vida.

Materiales de Becky Tirabassi que Dannah recomienda:

Quiet Times Student Prayer Journal *[Diario estudiantil de tiempos de oración y quietud]* y Let Prayer Change Your Life *[Que la oración cambie tu vida]*.

Necesitas organizar y preparar tu oración. El primer libro está diseñado especialmente para estudiantes atareados que desean una vida de oración práctica y organizada. Si en realidad anhelas una motivación para la oración, adquiere además un ejemplar del segundo libro.

Cartas del corazón

Cuatro llamas ardientes cuentan sus historias y secretos

Una carta especial acerca del abuso sexual

Querida jovencita:

Quería escribir para decirte cuánto admiro tu compromiso de vivir en pureza sexual. En ocasiones, esta búsqueda enfrenta mucha oposición. Lograr superarla será una verdadera prueba de tu carácter. En algunos casos muy especiales, enfrentará una oposición tan fuerte y antinatural que casi parece imposible llevar una vida pura. Lo sé. Yo experimenté una oposición extrema y antinatural en mi búsqueda de la pureza. Llegué a comprender que iba más allá de una simple lucha con mi carne. Había algo muy lamentable oculto en mi pasado.

Era muy joven cuando un colega de mi padre abusó de mí sexualmente. Mis padres lo habían dejado en casa para cuidarme un día en que asistieron a una reunión de trabajo. Me horroricé al sentir que quitaron las cobijas y él comenzó a tocarme de una manera totalmente desconocida para mí. Traté de olvidar lo sucedido, pero el daño fue permanente. Relacionaba cualquier sensación sexual fuerte con temor, recelo, y perversión. Me sentía indefensa y traicionada. Esto produjo gran confusión respecto a mi sexualidad, que me llevó a creer que sería imposible vivir en pureza. Después de muchos años de comportamiento promiscuo y destructivo, e incluso de relaciones abusivas, conocí al esposo que Dios había preparado para mí. Durante los primeros años de matrimonio se evidenció el daño causado en mi vida sexual. En nuestra intimidad reinaba el temor y la esterilidad.

Sin embargo, la esperanza estaba cerca. Conocí a Jesucristo y le entregué mi vida. Ese fue el primer paso para recibir sanidad. Jamás habría sido posible sin Jesús como mi Salvador.

Hay un versículo en Cantar de los cantares que declara: "No despertéis ni hagáis velar al amor, hasta que quiera". Después de leerlo comprendí el pecado de ese hombre al dañar lo que Dios había planificado como un acto puro y santo en el matrimonio. Fui despertada y forzada, contra mi voluntad. Lo que Dios planificó para que mi futuro esposo despertara en mí, lo fue de manera prematura. El toque de Dios en mi vida sanó las caricias pecaminosas del pasado. Ahora sé que muchas jovencitas cuya conducta sexual es incorrecta, se sienten tan confundidas como yo lo estuve. Comprendo la lucha que experimentan por controlar sus impulsos sexuales. Dios está contigo. Él nunca te hará daño. Rendirse a su voluntad solo traerá gozo, paz, e integridad.

Con frecuencia, hay una etapa de negación total y de extraña incertidumbre que precede la aceptación del abuso sexual. ¿Te sientes incapaz de vencer las tentaciones en tu vida? ¿Sientes que tus deseos sexuales oprimen tu voluntad? ¿Tu mente rechaza la verdad de que es posible alcanzar la pureza después de una violación? O, por el contrario, ¿sueles evitar el tema de la sexualidad? ¿Te sientes incapaz de aceptar en tu vida el don divino de la sexualidad? ¿La idea de sexo puro y santo te causa aversión? Es probable que tu respuesta afirmativa a estas preguntas señale que has sido víctima de abuso sexual en el pasado.

El alcance del daño espiritual y emocional que produce el

abuso sexual es difícil de identificar. Mujeres destrozadas tienden a minimizar lo que les ocurrió. Si reconoces que hubo en tu vida abuso sexual, cree lo siguiente: Dios quiere que le entregues lo que sucedió. Para Él no es demasiado oscuro. Él traerá todo a la luz y sanará el daño causado a tu alma. Bajo la sombra de sus alas hay seguridad. Él anhela que vengas a sus brazos para expresar el profundo sufrimiento que está oculto. Él se preocupa por la pureza que fue usurpada.

Busca a una mujer piadosa que interceda por ti, de preferencia tu madre. La vergüenza causada por asuntos sexuales íntimos sana cuando se expresa de manera pública. Esto puede realizarse frente a un pequeño grupo al cual perteneces ahora. Los grupos pequeños de mujeres que guardan la confidencialidad son una de las herramientas que Dios usa para sanar a quienes han sufrido el abuso sexual. Un consejero cristiano profesional puede guiarte en el proceso de sanidad y guardar la confidencialidad. En todo caso, no intentes hacerlo sola. No funcionará.

Permíteme dejarte una pequeña tarea que te resultará muy liberadora a nivel de tus emociones. Lee Cantar de los cantares. Esta es la descripción de Dios de una relación entre esposo y esposa. Deja que las palabras de este libro sean tu oración para buscar una relación de amor e intimidad. Comienza a verte a ti misma como una novia virgen que espera al hombre que Dios le ha preparado. No aceptes la mentira de que Dios no te aceptará de manera incondicional porque fuiste violada. Pelea la batalla en tu mente para rechazar la idea de verte como mercancía dañada.

Dios tiene un plan maravilloso para ti, que eres su hija preciosa. Quizá te robaron la inocencia en la infancia, pero aún puedes ser pura y experimentar la restauración plena gracias a la obra de su mano. Nunca renuncies a la esperanza en tu anhelo de ser pura. Él hará todo hermoso en su tiempo.

Bajo sus alas,
Linda Cochrane

Linda es la directora ejecutiva del Hopeline Women's Center *en Connecticut. Es autora de* Forgiven and Set Free *[Perdonada y libre], y coautora de* Healing a Father's Heart *[Sanidad para el corazón de un padre]. Ambos son estudios bíblicos dirigidos a la situación posterior a un aborto. Es coautora de* A Time to Heal *[Tiempo de sanar], un estudio bíblico para sanar experiencias traumáticas. El último que ha escrito se titula* The Path to Sexual Healing *[Camino a la sanidad sexual], y su objetivo específico es restaurar la sexualidad que ha sufrido daños.*

Una carta especial acerca de esperar el tiempo de Dios

Querida amiga:

Te llamo "amiga" porque te hablo de lo profundo de mi corazón. Cuánto desearía estar sentada frente a ti en algún restaurante agradable, o quizá hablar contigo mientras caminamos en la playa. Me encantaría contarte en persona esta historia, pues también sé que tienes otra para contar.

Soy una persona complaciente… quiero con todas mis fuerzas agradar a otros, a mis amigos, a mi familia. Siempre he sido así. ¿Puedes entenderme?

Fue en extremo difícil perseverar en el deseo de tomar decisiones correctas, sin importar cuánta confianza aparentaba. Tenía tanto amor para dar, y quería expresarlo de alguna forma. Quería que este hombre de mis sueños un día se sintiera dichoso, muy complacido, de haberme elegido como su esposa. Sin embargo, muchas veces "mi esposo", quienquiera que sea, parecía estar demasiado lejos. Conocía los límites, pero no comprendí que Dios quería enseñarme cómo y en qué circunstancias debía manifestar mi amor e ímpetu a las personas que eran tan importantes para mí.

Había un deseo intenso en mí de agradar, y me preguntaba cómo podría mantenerme fiel a mi decisión de llevar una vida pura. Viví los años de secundaria, universidad, y varios años más como una mujer soltera trabajadora. Durante ese tiempo sostuve varias relaciones bastante serias, pero nunca parecían prosperar. Enfrenté muchas dudas. Parecía que las relaciones nunca funcionaban ni llenaban mis expectativas. Comenzaba a preguntarme si debía darme por vencida.

En ocasiones sentía que estaba sola en esta lucha, que me resultaba tan pesada. "¿Alguien podrá entenderme?" Todas las mujeres que conocía tenían un novio, estaban comprometidas, o hablaban del "hombre perfecto que acababan de conocer"... y me preguntaban dónde estaba el mío. ¿Dónde estaba el mío? Comencé a dudar, y sentí que no existían suficientes motivos para animarme en ese momento de mi vida.

Mi manera de pensar cambió cuando comencé a ver que esto era mucho más que una decisión con respecto a mi cuerpo... ¡era una decisión que comprometía mi corazón! Dios usó varios amigos cristianos de manera poderosa en mi vida justo cuando los necesitaba. Me animaron a aferrarme a Dios y a las promesas que tenía para mi vida. "Mis planes para ustedes solamente yo los sé, y no son para su mal sino para su bien. Voy a darles un futuro lleno de bienestar. Cuando ustedes me busquen, me encontrarán, siempre y cuando me busquen de todo corazón. Estaré con ustedes" (Jer. 29:11, 13-14).

Descubrí que la primera persona y la más importante a quien debía agradar era aquel que me amó hasta lo sumo. Aquel que sacrificó tanto para que yo pudiera vivir, ¡Dios, mi Padre! ¡Cuánto necesitaba agradarle! (1 Co. 6:19-20).

Lo que parecía un largo período de "Dios y yo, y nadie más", se convirtió en una etapa de verdadera cercanía con Él. Mi confianza comenzó a crecer, y creí que Él realmente tenía un plan maravilloso para mi vida. ¡Mi lucha se volvió la oportunidad para perseverar en algo con fuerza gracias a aquel por quien lo hacía!

Me centré en Dios, en esperar en Él. Mi deseo era en verdad para Él, ¡y de repente alguien lo notó! A los veintiséis conocí a Tim Powers.

¡Parecía que él personificaba todo lo que había soñado! A medida que lo conocía, pude observar que respetaba a las jovencitas y a sí mismo, y que tenía una sólida relación con Dios. Sin embargo, me preguntaba: ¿En realidad comprende-

rá mi corazón y respetará mi decisión? No había sido fácil, y
no todos lo comprendían. (Me di cuenta de la dura pero cierta realidad de que no todos los chicos cristianos se preocupan
por la pureza.)

Comenzamos a entablar largas conversaciones para conocernos. Aprendí más acerca de su carácter, de sus valores. Me
emocioné al escuchar que también había tomado la determinación de llevar una vida pura y que guardaba su cuerpo para
su esposa… ¡hasta los treinta y cuatro años! ¡Tanto la valoraba! Él la elegía por encima de cualquier otra mujer y anhelaba entregarle como regalo la totalidad de su ser, no una vez,
¡sino por el resto de su vida! ¡Vaya! ¿Acaso es posible?
¿Semejante hombre tan estupendo esperaba el momento de
entregarse por completo a alguien a quien no conocía?
(Según mi propio comentario, llegué a creer la mentira de
que era "imposible que existiera un hombre capaz de tomar
una determinación semejante". En especial, uno que fuera
"mi tipo de hombre"… y con quien quisiera casarme para
siempre.)

Bueno, ¡Dios me dejó boquiabierta! ¡Tim superaba mis
expectativas! (A Dios le encanta hacerlo, ¡darnos mucho más
de lo que jamás hubiéramos soñado!) En un carruaje tirado
por caballos en la víspera de año nuevo, Tim me propuso
matrimonio. Nuestra boda y nuestro matrimonio han sido
los más grandiosos regalos que jamás he recibido.

Al mirar en retrospectiva, comprendo aún más el valor de
los preciosos regalos del amor puro, la confianza y el compromiso que recibí. Nos entregamos el uno al otro como un
regalo exclusivo, el derecho único de gozar de nuestro cuerpo. ¡Nada puede sustituir este regalo! Hemos gozado de una
confianza sin igual. ¡Sabemos que los valores que Dios ha
puesto en nuestro corazón, y el hecho de poner siempre
nuestros ojos en Él nos mantendrán firmes!

Dios me dio lo mejor en este hombre que lo ama, y que
honró y respetó su cuerpo y el mío incluso antes de conocerme. Sé que esto proviene del Señor… ¡y a Él le doy gracias!
(2 Co. 3:4-5).

Tú, amiga mía, eres el tesoro especial de Dios. Él valora tu vida sin importar las decisiones que hayas tomado. Ora por un hombre cuyo corazón piadoso tú puedas imitar. Dios reserva los regalos más preciosos para sus hijos. Confía en Él y toma la determinación de buscar lo mejor de Él, ¡espera en Dios! Él te dará la fuerza y el valor que necesitas. ¡De Él proviene todo don bueno y perfecto!

"Entrégale a Dios tu amor, y Él te dará lo que más deseas" (Sal. 37:4). (Una promesa de Dios... ¡quien jamás incumple una promesa!)

¡Con gran amor y esperanza!
Kimberly Powers

P.D.- Por favor escríbeme para contarme tu historia... ¡me encantaría saber de ti!

Kimberly y Tim Powers son los fundadores de Walk The Talk Youth Ministries, Inc., *que ofrece dos excelentes conferencias para jóvenes. Recomiendo de manera muy especial la conferencia para chicas titulada "En busca de una princesa", que usa la historia de Ester para restaurar la autoestima en jovencitas. Correo electrónico:* Kimberly@wttm.org.

Una carta especial acerca de la soltería

Querida amiga:

He leído muchos libros que apodaban a las mujeres solteras como "solteronas" o "solitarias", lo cual hace ver la soltería como algo malo. Soy soltera, tengo treinta y dos años, de modo que supongo que sería considerada como una solterona. (Oye, de pronto sea también una solitaria.) Soy virgen, y nunca me han besado. Me aburren las preguntas como: "¿Tienes novio", o "¿quieres casarte?" No, no tengo novio. A veces quisiera casarme. La mayor parte del tiempo no, me agrada ser soltera. Siempre he deseado tener hijos, así que paso gran parte de mi tiempo con los niños de otras personas.

Yo edité este libro. Lo leí desde la perspectiva de alguien

quizás un poco mayor que tú, o cuyas inquietudes son diferentes a las tuyas en este momento. Pensé: ¿Y qué de la chica que nunca se casará? ¿Qué recordará de este libro dentro de varios años? ¿Cómo la ayudará? Tengo muchos amigos solteros. A algunos les agrada la soltería, pero muchos de ellos preferirían casarse. Algunos incluso se preguntan si Dios los ama menos por el hecho de ser solteros. Sin embargo, algunos de los personajes predilectos de la Biblia eran solteros. Jeremías, Daniel, y Pablo eran solteros, al igual que María, Marta, y Jesús. Por supuesto, ser soltero puede ser positivo para algunas personas. Dios no se ha olvidado de buscar un esposo para mí. Él tiene un plan especial para mi vida. Quizá me dé un esposo algún día, o tal vez no. De cualquier forma está bien. Puede ser que para ti resulte difícil aceptarlo con tanta tranquilidad como para mí, y no hay problema.

Algunas personas piensan que lo peor de la soltería es no tener sexo. En realidad ese no es el aspecto más importante para mí. Aparte del hecho de no tener hijos, lo más duro para mí es quizá no tener a alguien que se encargue de las tareas domésticas de las cuales suelen ocuparse los esposos, como el mantenimiento del auto (o comprar uno nuevo), o cambiar las bombillas que no puedo alcanzar. Hace poco me mudé a una distancia de ochocientos kilómetros, hago los trámites para adquirir mi primera casa, ¡y en medio de todo esto he deseado tener un esposo que me ayude! Sería lindo tener un esposo que me abrace si estoy triste, y poder ayudar a que un hombre se convierta en alguien más piadoso, que es el mayor objetivo que se espera de una esposa. Un esposo debe ser un compañero, y tomar decisiones con alguien resulta más sencillo que hacerlo solo.

Sin embargo, muchos aspectos de mi vida no serían tan hermosos si me casara. Mi agenda es más flexible. Puedo decidir qué hacer y cuándo cada vez que quiero. No tengo que preocuparme por saber si a mi esposo le agradan mis amigos o si a mí me agrada su familia. Si me enfermo, puedo quedarme en cama sin tener que levantarme y cuidar a los niños.

Si preparo algo para la cena que resulta delicioso, quedan muchas sobras, y no tengo que preparar otro menú si no quiero. He compartido mi vivienda con varias personas, que al igual que yo, tienen malas costumbres. No obstante, sería mucho más difícil convivir con los malos hábitos de un esposo. Las Escrituras afirman que en realidad es más difícil estar casado que permanecer soltero (1 Co. 7:28b).

Hace mucho decidí que estaba bien ser soltera, y que si algún día me casaba, lo haría con un hombre muy especial. Casarme con él debe ser mejor que permanecer soltera. Claro que tiene que ser un buen cristiano que se preocupe por agradar a Dios, y que esté comprometido con el matrimonio sin contemplar siquiera la posibilidad del divorcio. Debe querer mucho a los niños. Debe tener un excelente sentido del humor, ser inteligente, ganar suficiente dinero para que yo pueda quedarme en casa con los niños, y ser alguien cuya compañía yo disfrute. Es muy probable que sea virgen, porque también es algo esencial para mí. Debe tener las mismas normas que yo, como cancelar la televisión en casa después de tener a los niños. Tiene que amarme y ser alguien a quien yo respete profundamente.

Crecí con la enseñanza de que debía guardar mi virginidad porque era importante ser virgen para casarme. Sin embargo, he descubierto varias razones por las cuales es importante abstenerse de sexo fuera del matrimonio, aunque nunca llegara a casarme. Primero, si tuviera sexo, resultaría muy difícil disfrutar de mi soltería, de modo que podría al final casarme con el hombre equivocado solo para tener sexo. En segundo lugar, no sería un buen ejemplo para los niños a quienes enseño. Tercero, podría adquirir una enfermedad de transmisión sexual o quedar embarazada, y sufriría la vergüenza de que todo el mundo se entere de mi desobediencia a Dios. Cuarto, el sexo con alguien aparte de mi esposo no sería algo hermoso, y acabar con la relación rompería mi corazón en mil pedazos.

Sin embargo, ninguna de las razones anteriores es la más importante. Dios dijo no, y esa es la razón principal. ¿Te gustaría conocer una de las razones que me pareció más emocionante? En la Biblia, la Iglesia es llamada la novia de Cristo, y Apocalipsis dice que un día ella se vestirá de vestiduras blancas (Ap. 3:4-5; 19:7-8). Estoy comprometida para "casarme" con Cristo, y Él es perfecto. Anhelo poder vestirme de vestiduras blancas si me caso. Si no me caso, quiero que Cristo sea mi único "esposo", y me alegra saber que de todas formas algún día me vestiré de vestiduras blancas para la boda.

El apóstol Pablo dijo que la soltería puede ser muy buena (1 Co. 7:8, 32-35). Él dijo que las personas solteras tienen más oportunidades para servir a Dios, porque no tienen que cuidar a un esposo, una esposa o a los hijos. Ya que no me ocupo de mis propios hijos, tengo más tiempo para enseñar en la escuela dominical y realizar otras actividades con los niños. También puedo tener un trabajo de tiempo completo. Algunas personas solteras son misioneros en lugares donde es difícil criar hijos, o donde el trabajo demanda muchos viajes.

El matrimonio es idea de Dios, y es realmente buena. Para la mayoría de las personas, el matrimonio es mejor que la soltería. Sin embargo, la soltería es mejor que un mal matrimonio, y para algunos resulta la mejor opción. Dios sabe lo que es mejor para ti, y te ama tanto que te lo dará si estás dispuesta a esperar y confiar en Él.

Con amor,
Cheryl Dunlop

Cheryl Dunlop es escritora y editora por cuenta propia y vive en Nashville, Tennessee. Es autora del libro Follow Me as I Follow Christ: A Guide for Teaching Children in a Church Setting *[Sígueme como yo sigo a Cristo: Una guía para la enseñanza infantil en la iglesia] (Chicago: Moody, 2000).*

Una carta especial acerca del aborto

Hola, amiga:
Quisiera invitarte a conocer uno de los momentos más

íntimos de mi vida. Aquel que partió mi vida en dos, si quieres verlo de ese modo. Digo que se dividió en dos porque la persona que era antes de ese momento difiere por completo de la que vine a ser durante muchos años posteriores.

Tenía diecinueve años. Era hija de un pastor. Asistía a una universidad cristiana y salía con el hijo de un pastor. Me divertía, gozaba de mi nueva libertad de la vida universitaria y de una relación muy linda con un chico cristiano.

Hasta aquí todo suena perfecto, ¿no es así? De repente sucedió lo impensable. Quedé embarazada. Mi novio no me apoyó en absoluto y amenazaba con trastornar mi vida si tenía el bebé. Se burló de mí con historias de que me expulsarían de la universidad. (La universidad expulsaba a las estudiantes embarazadas que no estaban casadas.) Incluso alimentó mis temores de que mi madre podría sufrir un colapso nervioso. Me convenció de que no tenía mucha opción.

Aborté a mi bebé. Se habría graduado en 2000, y no pasa un solo día sin que piense en él.

Pude haberme sumido en el dolor más horrible imaginable, pero no tenía a alguien que me ayudara a enfrentarlo, y no estaba dispuesta a hacerlo sola. Elegí mi propio extravío. Durante muchos años traté de ahogar mis sentimientos con drogas y promiscuidad. Solo quería escapar de ese dolor tan agobiante. Y en cierta manera lo logré. En aquel entonces solo creía haber tomado la decisión correcta para ese momento de mi vida.

No obstante, un día descubrí que no había escapatoria. Tenía que enfrentarlo. Aunque era el momento más doloroso de mi vida, hacer duelo por mi hijo trajo sanidad. Encontrar el perdón de Cristo me ayudó a seguir el camino hacia la paz que sobrepasa todo entendimiento. Después, Dios me reveló que incluso podía usar el aborto para algo bueno.

El mundo puede comentar acerca del aborto cuanto quiera, pero eso no alivia el dolor. Ahora soy mucho más feliz que cuando lo negaba y vivía con la convicción de que solo había abortado "una masa de tejido". Tengo un esposo maravilloso que me ama, y estoy satisfecha de tener una carrera productiva y exitosa al ayudar a otras mujeres a sanar las heridas causadas por el aborto. El Señor me ha permitido rescatar unos pocos niños que habrían sido abortados si sus madres no hubieran escuchado mi testimonio.

¿Qué les digo a estas mujeres? ¿Qué resulta útil en su búsqueda de sanidad? Primero, les digo que no están solas. El instituto Alan Guttmacher (la división investigativa de Planned Parenthood, la organización que más abortos realiza a nivel mundial) hace poco declaró: "Al paso que vamos, el cuarenta y tres por ciento de las mujeres habrán practicado al menos un aborto al llegar a los cuarenta y cinco años".[1] Tal vez te parezca sorprendente, pero las mujeres en la iglesia no son ajenas a este problema. Imagínate que el cuarenta y tres por ciento de todas las mujeres han practicado un aborto, y se sientan en las congregaciones, trabajan en las escuelas, escalan a nivel profesional para alcanzar el éxito, y están presentes en cada rincón de la sociedad. A pesar de las estadísticas, en raras ocasiones quienes han elegido abortar hablan al respecto.

En segundo lugar, diría que un buen primer paso hacia la sanidad es la confesión. Aunque ya se lo había confesado a Dios, el hecho de hablar acerca de mi experiencia con una persona adulta, piadosa y llena de amor, fue un paso decisivo en el proceso de sanidad. Santiago 5:16 dice: "Confiesen sus pecados unos a otros… para que Dios los sane". Dios nos da a todos el valor y nos ayuda en este proceso. Contar la verdad fue uno de los actos más aterradores que he hecho en la vida, pero valió la pena. Solo les aconsejo a las mujeres que sea una persona en quien puedan confiar.

Espero que tu historia no se parezca a la mía. Espero que no vivas escondida por causa del sufrimiento de un aborto. Espero que no sientas esta pena tan agobiante. No obstante, si así es, permíteme animarte a contarle a una mujer de Dios mayor y más sabia. Si no sientes que puedes hablar con tu mamá en este momento, busca un centro de apoyo para embarazos en crisis, y habla con un consejero. Puedes encontrarlo en la sección "alternativas para el aborto", de las páginas amarillas. Admito que suena difícil, pero valdrá la pena.

Después de haber tenido que pagar el precio por el sexo prematrimonial, puedo decir convencida que la mejor forma de evitar el sufrimiento es abstenerse hasta el matrimonio. Tu corazón es un gran tesoro, y debe guardarse para el hombre perfecto. Una de mis penas más grandes es que no pude entregarle a mi esposo mi inocencia. Si bien la vida no se acaba cuando te sobrepasas con tu novio más de lo que hubieras querido, sí hay tremendas consecuencias para tu futuro. El joven que en realidad te ama esperará hasta el matrimonio.

Si has pasado por un aborto, mi oración por ti es que te unas a mi causa. Nunca animes ni apoyes a una amiga para que aborte, sin importar cuáles sean las circunstancias. El aborto nunca es la solución. Solo empeora las cosas y trae más pena y sufrimiento al corazón. Llévala a un centro de apoyo para embarazos en crisis, donde escuchará la verdad acerca del aborto y recibirá ayuda para continuar su embarazo.

En el gran amor sanador de Dios,

Sydna

Sydna Masse fue directora del programa de atención a embarazos en crisis de Enfoque a la familia. *Ahora es presidenta y fundadora de* Ramah International, Inc., *un ministerio dirigido a tratar problemáticas posteriores a un aborto (www.ramahinternational.org). Es autora del libro* Her Choice to Heal: Finding Spiritual and Emotional Peace After Abortion *[Ella elige sanar: Cómo experimentar paz espiritual y emocional después de un aborto] (Chariot Victor). Su libro relata en detalle su historia personal y les permite a sus lectoras identificarse con su propia situación, así como comenzar el proceso para experimentar sanidad emocional y espiritual.*

Nota

1. *"Facts in Brief-Induced Abortion"* [Hechos acerca del aborto inducido], El Instituto Alan Guttmacher, Washington, D.C., Enero 1997.

EDITORIAL
PORTAVOZ

NUESTRA VISIÓN

Maximizar el efecto de recursos cristianos de calidad que transforman vidas.

NUESTRA MISIÓN

Desarrollar y distribuir productos de calidad —con integridad y excelencia—, desde una perspectiva bíblica y confiable, que animen a las personas a conocer y servir a Jesucristo.

NUESTROS VALORES

Nuestros valores se encuentran fundamentados en la Biblia, fuente de toda verdad para hoy y para siempre. Nosotros ponemos en práctica estas verdades bíblicas como fundamento para las decisiones, normas y productos de nuestra compañía.

Valoramos la excelencia y la calidad
Valoramos la integridad y la confianza
Valoramos el mérito y la dignidad de los individuos y las relaciones
Valoramos el servicio
Valoramos la administración de los recursos

Para más información acerca de nuestra editorial y los productos que publicamos visite nuestra página en la red: www.portavoz.com